经营三法

贤宗 著

中国财富出版社

图书在版编目（CIP）数据

经营三法 / 贤宗著 . —北京：中国财富出版社，2017.1

ISBN 978 - 7 - 5047 - 6262 - 7

Ⅰ . ①经… Ⅱ . ①贤… Ⅲ . ①企业经营管理 Ⅳ . ① F272.3

中国版本图书馆 CIP 数据核字（2016）第 215700 号

策划编辑	丰 虹	**责任编辑**	丰 虹		
责任印制	方朋远	**责任校对**	杨小静	**责任发行**	邢有涛

出版发行	中国财富出版社		
社　　址	北京市丰台区南四环西路 188 号 5 区 20 楼 **邮政编码** 100070		
电　　话	010－52227588 转 2048/2028（发行部）010－52227588 转 307（总编室） 010－68589540（读者服务部） 010－52227588 转 305（质检部）		
网　　址	http:// www. cfpress. com. cn		
经　　销	新华书店		
印　　刷	北京市通州运河印刷厂		
书　　号	ISBN 978－7－5047－6262－7 / F・2662		
开　　本	787mm × 1092mm 1/32	**版　　次**	2017 年 1 月第 1 版
印　　张	6.625	**印　　次**	2017 年 1 月第 1 次印刷
字　　数	86 千字	**定　　价**	32.00 元

前 言

信仰是企业经营之魂

读者朋友们，大家吉祥！当你读到这本书，不论你是一家企业的掌舵者，还是作为管理层、员工服务于某家企业，我都由衷地为你感到高兴，因为当你读完这本书之后，将对“法”以及“信仰是企业经营之魂”有更加深刻的理解。

香海禅寺在短短的几年时间里建成现在的规模，这在许多人看来有些不可思议，但是在我看来，我们并没有多么出类拔萃，只不过是按照佛法的理念在经营寺院而已。也许有人觉得香海禅寺与众不同，其实唯一不同的是我们的万佛殿中伫立的不是千手观音，而是万手观音，当然，这并非为了出奇制胜，而是想更好地传播佛法的理念。

在接管香海禅寺之初，有人曾说我担任这个寺院的住持后，大家可能连饭都吃不饱，还是赶紧逃生吧。我没有在意，依然按照自己的初心来经营。以前每逢农历初一和十五，每个到香海禅寺吃斋饭的人，必须要交 5 元钱，我接手后便取消了这种“必须”，让信众们随心所欲地吃。有人担心这样会把寺庙吃到没米下锅，可结果恰恰相反，不仅没有吃穷，护持寺院的人反而更多了。当我们的经营不涉及物质与钱财，当我们始终以奉献众生、利益众生为导向时，香海禅寺便得到了快速的发展。我认为，不贪、不念才是做成一件事情、成就一番功德最基本的前提。

前 言

这世上最宝贵的就是信仰，它是无价的，只能用同样的信仰去感化、接引。只有真正树立起了度化众生的愿望，众生才会聚拢、围绕在我们身边。

企业的经营也是如此，成败、生死由最初的定位决定，而企业的定位往往源于经营者的人生观与价值观，源于创办企业时的发心。但是很多人创业之初，恰恰错误地将创业目标定位在赚多少钱而不是惠及多少人之上，结果企业不到两三年就销声匿迹了，可是这些人却不肯反思自己，不肯寻找经营失败的根本原因。

秉持哪种思想与信仰来经营企业是属于每个创业者的自由，但千百年来的经验告诉我们，由于信仰与思维方式的不同，结局也迥然不同。倘若想要经营一家基业常青的企业，就要有与之匹配的信仰。那么，这种信仰究竟是什么？这一疑问，正是本书所要回答的问题、所要表达的内容。

对于企业的经营与管理，我不过是个门外汉，本书只是我作为一个寺院“经营者”的一些见解。在这个分分秒秒都在发生变革的商业社会中，几乎所有的创业者、经营者都在摸索着适合自己的发展道路，我衷心希望本书能助他们一臂之力。

贤　宗

2016 年 7 月

目 录

第一章

信仰为经营之魂

种下什么样的因，就会结下什么样的果。

企业要长远发展，我认为需要从四个方向努力：一要像学校一样具有文化和创造力；二要像家一样富有关怀和凝聚力；三要像军队一样具有拼搏和执行力；四要像佛教一样具有信仰和生命力。

佛法中的许多义理和智慧能够给予企业经营者启示，如企业也可以像佛教一样建立信仰。我是一名僧人，但是也可以看作佛教这个大“企业”中的一名员工。古今中外的僧人都住佛寺、穿僧袍，这与当今要求着装、仪表统一的现代企业有异曲同工之妙。历经百代，如今的僧人们依然恪守佛教的教义与戒律，传播古老的佛法。

佛教也曾经历过灾难和洗劫，然而支撑着它不断发展、香火不断延续的就是信仰。信仰一旦深入人心，就不会因为暴力侵袭而消失，也不会因为时代发展而磨灭。只要人活着，信仰的种子就会生根发芽，父传子、子传孙，代代相传。

中华民族的崛起也需要信仰，这种信仰包括民族的精神与文化信仰，是中国人民万众一心的前提，也是国家发展的动力。一个人缺失了信仰就容易失去做人的准则和底线，那些利欲熏心、自私自利的人往往没有高尚的道德和悲天悯人的情怀，看待一切问题的出发点和落脚点都是自己、都是利益；同样，一个人没有信仰就会缺乏人生方向，像断线的风筝，随风漂泊，无处着落。换言之，如果每一个中国人都把民族精神、民族文化当作信仰，深深根植在血脉之中，那么中华民族的崛起与复兴便指日可待了。

第一章　信仰为经营之魂

中国有无比辉煌的历史伟绩和灿烂的文化传承，这些给了我们极大的骄傲和自豪，也给了我们重塑辉煌的勇气和信念。禅宗文化是中国传统文化的重要组成部分，与儒、道两家的结合使禅宗汇聚三教精华并形成了独特的本土特色。如今禅宗越来越受到人们的重视和欢迎，在世界各地都得到了极大的认可和推广。有人统计过，现在美国每十个成功人士中就有四人有禅修的习惯，他们每天通过静坐来修身养性。一个成功的企业，必定要建立良好、积极的企业文化。这需要经营者有包容的心胸、高远的境界和坚定的信仰。而一个人的境界、情怀来源于他的学识和思想，学识与思想进一步沉淀便成了信仰。

如果你想成为一个成功的人，就要经常问自己：我是谁？我来自哪里？我要去哪里？这些自问的目的是让我们看清自己在这个社会中处于什么位置，以及未来的方向在哪里。对自己、对未来有了清晰的认识才能尽量避免走错路。能力越大责任就越大，因此企业的经营者除了反观自身之外还要考虑社会和他人，考虑企业要为社会创造的价值，考虑怎样才能吸引人才并且人尽其才。韩信之勇需要刘邦的发掘，魏徵之志需要唐太宗的欣赏，经营者亦是如此，若想招纳贤才，就要有大肚量和大眼光。

经营者能否给员工创造一个畅所欲言、集思广益的平台？能否接受下属的建议甚至顶撞？能否加强企业、团队的凝聚力，充分发挥每一个人的才智？刘备的三顾之礼与虚心求教打动了躬耕南阳的诸葛亮，于是才有了隆中之对和三分天下的鼎足之势；前秦的苻坚刚愎自用、不择贤愚，最终导致淝水之败。这些历史典故也许读者们已经看了无数遍，但是其中的哲理与思想永远都不会过时，每每思之，都会有新的感悟和收获。

为己即是魔，为人即是佛。一个人的欲望膨胀到一定程度时，便成了恶魔，因为在欲望的驱使之下，人有时会丧失理智与心性，做出伤天害理之事，过后悔恨已来不及了。一个人功勋有多高、成就有多大、能力有多强，都不能作为个人崇拜的借口。

人要多读经典，那些历经大浪淘沙流传至今的精华之作凝聚了古人无穷的智慧。向明君贤臣学习谦逊，向学者文豪学习知识，向佛陀菩萨学习修行……无论是领导还是普通员工，安下心把手上的每一件事、每一份工作做好就是一种修行。如果想成就一番事业就要不停地去修福报，去行善，去帮助他人。

心决定着我们的人生方向和人生道路，一切追求都来自内心深处的渴望，但并不是所有人都能够看清自己的内心，找到心底的梦想。静下心来与自己对话才能真正了解自己的渴望与追求，像一湾湖水，平静下来后才能看到水底的石块、水藻、游鱼。要静心就要打破执着，通过修行参破我见、我爱、我痴、我慢，成就一个更纯粹的自我。

每个人的思想最深处都隐匿着一个引领者，他引领着我们的意识与身体，方法与方向。他如果是自私的，我们便以自我为中心，凡事只考虑自己的利益、得失、名望、地位；他如果是无私的，我们便和善、喜乐、懂得为他人付出。经营者的自私是企业发展道路上最大的绊脚石，企业的瓶颈往往是人的瓶颈、心的瓶颈。

你愿不愿意把多年积累的经验与别人分享？你愿不愿意把自己的亲戚从公司管理的职位上撤下来，让新人、能人上任？你愿不愿意把企业交给子女放心地让他们去接管？不能放下权力、利益、自我，就无法获得轻安、自在。有的人死死地将权力抓在手心不肯下放，坐在一个高不可攀的位子上享受众人追捧的快乐，寻求各种借口干预别人的事务。被尊为西楚霸王的项羽，虽然也能够亲自探望生病的战士，但是他总是握着官印久久不肯封荫下属，也许这样狭隘的心量正是他最终没能成就霸业的原因。

“我慢”就是高高在上、以自我为中心，认为别人都不如自己。有些人总喜欢抬高自己、贬低别人，拿自己的长处与他人的短处相较，看到漂亮的人就自恃才高，看到有才的人就自恃家境好。“知人者智，自知者明”，能认识到自己不足的人才是真正的智者。很多人活在自我编造的假象中不愿自拔，这便是“我痴”。真正的修行是看清自己，了解自己的缺点、长处，能够准确定位自己并能找到正确的目标，知道自己该往哪里走，修行到最后才能实现自我超越。外在的身体可以被打败、被消磨，内在的心灵却坚不可摧。只要明心见性，就能获得坚韧的力量。

信仰，信即笃信，仰即景仰。信的是什么？因果、天道、正念。

人要有敬畏精神，敬畏自然、敬畏规律。人在自然、客观规律面前是不能自负的。日本的房屋结构有专门的抗震设计，历经许多次大地震都没有被摧毁，可是当海啸席卷而过，这些房屋却像纸片一样倒下，被水流冲走，丝毫没有抵抗的能力。人在浩瀚宇宙中如同微尘，在太空中，星球间的相互碰撞时有发生，如果地球遭受撞击，人类将面临毁灭性的灾难。在这样难以预料又难以抵挡的自然灾难面前，一个人的自负、执迷还有什么用呢？

几十亿年前星球间的碰撞、摩擦形成了如今的星系面貌，水中的石头相互碰撞、摩擦磨掉了棱角，成了圆润美丽的鹅卵石。为人处世的过程就是在不停地跟别人摩擦碰撞的过程，在这个过程中我们的棱角不断被磨平，自然就变得通达许多，这也是人们常常用圆滑形容那些身经历练、处世老到的人的原因。古人讲，做人外圆内方，圆并非毫无原则地妥协退让，而是懂得谦虚、谨慎，善于听取他人的意见；方即要保持自身的刚直和道德，不能越过最终的底线。

内心所向是埋在人生起点的种子，种下一粒草籽，怎样呵护都不可能长成树苗；种下一颗树的种子，开始它可能只是像草一样发芽，甚至比草长得更慢，但是经年累月地生长，终能长成参天大树。

因果不爽，种下什么样的因，就会结下什么样的果。同样，种子在成长过程中也遵循着因果的道理，如果不付出辛劳与汗水，即使是珍贵的树木种子，也没有丝毫的成活概率。有什么样的付出就会有什么样的回报，无论是小草还是大树，都要一点一点成长，揠苗助长与过度浇水施肥都会适得其反。

贪婪是一个人最大的敌人，通过不正当的手段得到的利益无法长久。

汗水换来的东西才值得珍惜，没有经过努力而得来的钱财往往会挥之如土。

很多老板现在拼命挣钱只是为了孩子不要像他们一样受苦，这种观念与行为是在剥夺孩子体验精彩人生的权利。如果孩子能够亲身去体验创业的艰难，通过艰辛努力一分一厘地挣钱，那么他自然不会挥霍无度、穷奢极欲。守业比创业更难，财富唾手可得往往不懂得珍惜，最终只能坐吃山空。

一棵树如果是自然生长，根深深扎进了泥土，就能经受得起风雨，坚不可摧。企业也是这样，如果你创建公司像培养孩子一样耗尽心血，赚来的每一分钱都是血汗，那么投资、花销等每一个决定都会小心谨慎；如果你的这些钱是买六合彩得来的，花的时候就会十分爽快，别人随便鼓吹一下哪个项目赚钱就毫不犹豫地把钱投进去了。

许多企业家都觉得赚钱很容易，特别是做房地产的，小投大赚、包盈不亏。因为钱太好赚，大家的胆子都特别大，做投资特别财大气粗，毫不考虑结果。一个日本朋友跟我说：“你们中国的企业家实在太豪爽，有一种酒在日本卖几万元一瓶，我们每次吃饭都只敢买一瓶，一点一点地品，但有位中国老板一次就买一箱，还让我们放开了喝。”原来，这个老板以前是小镇上的一个邮递员，几年前花十万元钱在镇上买了一块地皮，盖了楼房，遇上房地产热，卖了几千万元。他又把挣得的这几千万元拿去投资房地产，于是成为了身家几十亿的大富豪。这个老板能够发财更多得益于房地产热，但他却认为凭借的完全是自己的能力，认为自己的智慧和管理水平高人一等，没有意识到经济政策给他带来的重要机遇。打个通俗的比方：猪本来不会飞，但是遇上台风就飞起来了，它以为自己飞起来了就是老鹰，但实际在别人看来它还是猪。富有了不能得意忘形，要想想富裕从何而来。国外有许多百年企业在经济萧条的时候仍然能够独善其身甚至保持盈利，这样的企业一定是在文化和管理上下了很大功夫。日本人看到农夫种田要起早贪黑，春天把种子撒在田里，细心照看、锄草施肥，秋天收割完成后留下第二年的口粮和种子，其余的卖掉，换来油盐酱醋和其他生活用品后，从中得到启发，认为做企业也应该是这样的，本本分分地经营，盈利和投资的比例要一直保持协调。

这种理念看起来好像有点不可思议，事实上日本很多企业到现在还是这样经营的，一点一点积累财富、小心地投资。如果在亏损的状态下也要大笔贷款来做新的投资，赚到钱以后就穷奢极欲，抱着这样的态度经营企业终将被社会淘汰。

我曾经在深圳参加林伟贤先生办的 BSE（美国企业

家商学院）课程，八天八夜魔鬼般的训练，每天睡觉不超过两个小时，很多学员都熬不住中途退出了，但是有一位来自新加坡的老太太坚持到了最后，让大家深为叹服。在这种紧张的环境中，人的进步非常快，我用了三天时间便学会了游泳，因为我们组的十二个人一直盯着我，学不会就会拖整个组的后腿，那期间累得很多人站着都能睡着。人的潜能是无穷的，永远不要给自己设限。一家企业对于社会的贡献也有无限可能，拥有了科学的管理方式、具有凝聚力的企业文化和勇于创新的人才，无论社会怎样变迁，企业都会立于不败之地。

无限的可能性并非随心所欲去发展，做企业一定要从实际出发，不能盲目跟风。每一个成功的人都懂得天时、地利、人和的合力作用，不同的机遇之下需要制订不同的发展计划和模式。比尔·盖茨做软件起家，马云做电子商务起家，但是并非每一个人都能够通过软件开发、电子商务取得成功。成功的思维可以借鉴，但是成功本身不可以复制，即使是同一条路，不同的人也会走出不同的风景。时代不同、环境不同、每个人自身的因素不同，创业的成败得失自然就不同了。

既然选择了某个行业、从事了某项工作，就要安下心去经营、钻研。德国人专注的品质成就了他们精良的工艺，从他们的工艺上我们可以看到，只要专注于一件事，把它做好，即便是一个小小的零件都能做到极致，都能做到这一领域里的第一。有的人被一些商业培训师随便一鼓动就忘乎所以地投资，整天想着投资以后收入要翻几番，完全不考虑投资环境是否合适，项目是否有前途，经营方式是什么，甚至对失败这种可能性也丝毫不加以思考与规避，眼睛里、脑海中只有利益，没有风险。上帝令其灭亡必先令其发狂，很多企业的倒闭就是老板心思发狂的结果，挣到一点钱心就开始膨胀，投资的欲望也开始膨胀，盲目跟风，结果赔得一干二净。创业最重要的一件事情就是把自己的心安住，不要追求快，应该追求稳、追求精，创造精品才是一个企业未来的发展目标。

中国的商界其实汇聚了许多精英，商界本身也是一个培养精英的沃土。商人眼中不仅要有利益，还要有责任和良善。佛教中讲究培福，对于商人来说，培福就是与人为善，就是安下心来把自己的事做好，给消费者带去便利，创造更美好的生活。

打坐是回归内心的一种方式，也是自我反省、培养福德的方法之一。打坐也叫禅定，禅就是静虑，当我们的心静下来以后，思维会变得清晰，此时更容易看清事物的本质。如果有一天你身边的朋友突然对你破口大骂，让你感到莫名其妙、很委屈，你能否静下心想一想他为什么这样对你？也许他的爆发是负面情绪长期积累的结果，如果你能早一点看到自己的问题并改正，就可以把事情尽早平息，也许仅仅是一个微笑就能转变一切，朋友之间也就不会闹到关系僵硬了。所有突发性事件都是不起眼的事情一点一点积累的结果，问题要用发展变化的眼光来看待，不仅看到结果，还要追溯过程进而探寻原因。能认识到事情的本来面目，再大的问题都能够找寻到解决的办法。

有个成语叫“身不由己”，这四个字对许多人来说都有着直击内心的作用。很多时候行为结果与预期目标大相径庭，本来想往东走，最后却到达了西边。为什么？因为人有时候会背离本心向外界、向环境妥协。人与动物的区别是人拥有理性，能够在错综复杂的环境中做出正确的选择，而非依照本能，凭借感情用事。当今社会快节奏的生活方式带给人们一种无形的压力，总是考虑速度，心态浮躁，沉静不下来，心不沉静就容易被外界事物左右。

最近几年大江南北的人都喜欢吃麻辣火锅，口味越来越重、越来越难以满足，这是因为人们普遍心浮气躁，静不下心来，只能用味蕾去寻求刺激。一个内心清静的人往往喜欢清淡的口味、喜欢高雅的音乐。古人弹琴，有时琴音低到几乎听不见了，演奏者与欣赏者依然能沉浸于美妙的音乐当中，欣赏这种清幽的琴音需要内心无比宁静。而现代人都在听什么音乐？有些流行音乐听不清唱的什么词，只觉得闹哄哄的，震得天花板、地板都跟着颤抖。我个人比较喜欢安静，经常一个人开车外出，车里什么音乐也不放，就静心享受那份安宁。我也喜欢一个人独处，可以安安静静思考不被打扰。

打坐成为一种生活习惯后，它的能量就能辐射到生活的方方面面，开车、走路、工作、休息，做每件事都像打坐一样把心专注于一个点上，安安静静地去完成手中的事情。这时候，生活中的一切活动都可以成为修行，比如晚上散步的时候，那种缓慢、自在、宁静的过程便是一种修行，吃饭时，每一粒米饭都认认真真地品尝、咀嚼，慢慢地感受其中的甘甜也是一种修行。只要静下心来就会发现生活中到处充满欢乐，这种欢乐来自内心的清凉。有修行的人不会因为别人的嗔恨心而感到烦恼，只会对他人的贪嗔痴满怀悲悯之心。这样的人就像钻石，耐重击、耐高温。把自己锻造成钻石的过程便是修行的过程。

企业的经营者和领导者需要带领公司、员工走上一条修行的道路：公司便是一个道场，与员工相处、与他人合作、与产品为伍都是在锻造自己，修得圆满的人生。

第二章

放下“我”，才能成就“我”

撒一个谎就要用十个谎言去弥补，最后被自己编造的谎言搞得团团转，分不清真假。

修行之所以困难，是因为其中的很多要求和人的本性相悖。比如，人都有趋利避害的本能，表现出来便是自私，做事情要对自己有利的才去做，度化人也是要跟自己沾边的才去度化，始终端着“我”，做任何事情都要对“我”有利，或者觉得自己很了不起、有能耐、有智慧，没有人比得上。这些都是“我执”，是人修行中最大的障碍。“我执”往往把自己禁锢在一个封闭的牢笼之中，束缚着自己自由的思想，胸怀也不能变得开阔。

“我执”很可怕，如果这个“我”仅仅代表着个体的我，那只是对自己的修行不利；但如果这个“我”是个经营者，代表着整个企业，那么损失就会十分惨重了。这样的人做企业会很“小气”，一心只想着赚更多的钱满足自己的享乐，不愿意让利去维护客户，不愿意提高员工的福利，没有市场调研，没有员工培训，有回报才投资，没有回报就胡乱敷衍……这样经营企业又怎么能做大做强？

企业经营者眼中绝对不能只有金钱财富，还要有对社会的奉献、对员工的责任、对家庭的珍惜。企业经营者更需要去修行，放下“我执”，突破自己的自私、狭隘、目光短浅、见利忘义，培养更加宏伟、广阔的眼界和格局。

学佛的基本前提便是要放下自我。有个学佛的老伯，已经80多岁了，因为年老体衰，最近几年一直卧床不起。有次我去看他，见他浑身上下插着针管，有一根管子从鼻孔里插到胃里，食物和水都只能从管子里灌进去，非常痛苦。他整天在抱怨孩子不孝，其实也并非孩子不孝，毕竟他们有自己的工作要做，有家庭要照顾，不能全天24小时陪在老伯的身边。我告诉他，把自己的执着放下，少些抱怨才能少些心灵上的痛苦。

修行是一个缓慢的过程，其速度并非肉眼可见、自身可感，只有在遇到问题的时候，才能看出一个人修行的程度和水平。有修为的人，即使百病缠身，也能够不哼不闹；即使遇到再大的挫折，也能够不卑不馁，能够在喧嚣中保持心灵清凉，在悲观中保持心态乐观。困境其实是对人的考验，借此机会能够反观自己的修行层次。平常不能潜心观照、认真修行的人，在挫折面前很容易就现出本性，露了原形。

读经也是一种修行，不仅要阅读文字，还要深入了解经文的义理，在生活、现实中进行观照、思考，对经文内涵的理解才会更加深刻。不知道大家有没有这样的体验，曾经萦绕在心里挥之不去的事情，过一段时间再回过头看时，根本就是小事一桩，无足挂齿。当初为什么会无比纠结？因为阅历太少，懂的道理不够多，还没有达到相应的层次。阅历能够增加智慧，而反思和总结会增长阅历。当我们再次面对困难时，由于能力与境界得到了提升，便不会再有畏惧的心态，自然能理智地分析，想出办法，问题也就迎刃而解了。

内心不平静的人容易产生纠结和烦恼，别人随便说两句话就受不了，开句玩笑也会生气。生活哪里有那么复杂，世上本无事，庸人自扰之。生活中遇到的各种各样的烦恼实际上都是自找的，有时候撒一个谎就要用十个谎言去弥补，最后被自己编造的谎言搞得团团转，分不清真假，简直是“自作孽，不可活”。

生命是一个流动的过程，路边奔跑嬉闹的孩子可能就是过去的自己，行动迟缓的老人也可能是未来的自己。生、老、病、死，每个人都会经历，芸芸众生也并没有什么本质上的差别。想想这些，想想时间的洪流裹挟着我们一路前进，又何必那么在意自我，不肯放下“我执”呢?

人的五蕴色身并没有什么大不了，生前是一个移动厕所，死后是一堆白骨，有什么好贪念的?但是很多人就是放不下。有一位企业负责人，不到五十岁的年纪就给自己立了一尊铜像，放在办公室里日日观瞻。如此自恋的人，世间真是少见，不知道诸位读者的身边有没有出现过这样的人。

色身有时还会成为生命的障碍。人要吃五谷杂粮维持身体机能的正常运转，生病也在情理之中。人们追求名牌、攀比计较，很多时候也只是在满足色身的需求。如果没有色身，一切的攀比、计较、执着就都不存在了，没有攀比、计较和执着，就没有那么多的烦恼，没有烦恼，人就不容易生病，不生病就不会有痛苦。一切障碍都会形成恶性循环，而修行就是为了打破这种恶性循环。

放下我相，破除一切的尘劳妄想、分别执着，才能达到究竟圆满的涅槃境界。

不执着于色身是一种境界，而能做到连佛法也不执着便是更高的境界了。佛法只是一种工具，它像船只一样把我们从生死的此岸渡到涅槃的彼岸。人总不能留在船上不上岸，而若想上岸就要舍弃船只，舍弃世间一切俗常，连佛法法度本身也要舍去，最后达到“并无一法可得”的状态。

禅宗有个公案：有位禅师去皇宫给皇帝说法，皇帝赏给他一只玉碗，晶莹剔透，精妙绝伦。这个禅师的境界非常高，对万物已然没有执着之心，唯独对这个玉碗爱不释手，每次打坐的时候都把碗放在旁边，生怕被人拿走。有一次他打坐入了寂灭定，黑白无常来找他，因为阳寿已尽，要把他带走，可是找来找去都没有找到，后来去问土地公。土地公说他入了寂灭定，色身消失了，是找不到的。但是找不到人黑白无常没办法回去交差，于是土地公给他们出了个主意，只要找到那只玉碗，用筷子敲一下，他就出定了。黑白无常找到玉碗，轻轻一敲，禅师的身体果然就出现了，他一出现就问，谁在弄他的碗，赶紧把碗藏在怀里。见到黑白无常，他突然醒悟自己仍有贪念执着之心，便请求黑白无常再给他片刻时间，当锁链从身上移开的一瞬间，他猛地掷碎玉碗，立刻入寂灭定，身形从半空中消失了。禅师已经修到了如此高深的境界，只因对一只碗放不下，差一点儿就无法摆脱生死。

每个人都是这样，若想摆脱身形事物的负累就必须放下“我执”，舍弃身外的钱财名利、虚幻荣华。

放下我执，生活中要少一些抱怨，多一些感恩。面对别人的求教，要感谢别人给自己一个布教的机会；别人求字要感谢他给自己练字的机会；老公喜欢吃自己做的饭要感谢他认可自己做饭的技能；给妻子买新衣服要感谢她给自己照顾家人的机会。一个心存感恩的人眼中看到的世界是美好的，认为身边每一个人都是来成就自己的，长此以往，做事就会顺风顺水。当我们真正惠及别人的时候，我们会收获一种发自内心的喜悦感，而不是觉得吃亏、心怀怨恨。吃得起亏的人一般都有良好的品行和素养，这样的涵养能够帮助他成就大事。

做任何一件事其实都是观照自己的一个机会，我每次出去讲课，在分享我的感悟和心得的同时，心中积存已久的一些疑问也会因此解开。度人者自度，就像教与学的关系，给别人带来益处的时候往往自己也会受益匪浅。作为一个企业老总，你会不会因为你的员工顶撞了你而不顾他的能力就把他解雇？一个人的格局有多宽，他就能承载起多大的福德。而一个能包容、福泽很多人的企业家，他的事业肯定也会得到很多人的支持和帮助。

人要认识自己，提高自己的修行，而修行最好的方式就是打坐。我们把打坐叫作参禅，参什么？参自己。就是不断看到自己的问题，去了解自己的本心，别人的本心跟我们无关，我们只需要认清自己的本心，因为本心决定着我们眼中的世界。一样东西有什么用，在于你用什么样的心去解读它。拿一支笔放在你面前，你知道这是一支笔，可以用来写字；把这支笔放在狗面前，它可能把它当成骨头咬在嘴里，或者当成一个玩具。

遭遇不如意的时候不能去指责别人，而是要调整自己的观念和想法，这就是修行。谈恋爱失败了便把对方骂得一无是处，可是为什么中国十几亿人中偏偏是这个一无是处的人来到了你的身边，为什么你不能吸引更好的、让自己满意的人？有这样一则故事：一个男人结婚三次都以失败告终，他觉得每一任妻子都泼辣刁钻、难以相处。多年后他与现任妻子一起逛街，远远地看见一个女子非常眼熟，打扮得青春靓丽，与她的先生牵着手在柜台购物。再仔细看时发现是自己的第一任妻子，于是走过去打招呼，交谈中，前妻现任丈夫告诉他自己的妻子特别好，温柔体贴、勤劳善良。他无法理解曾经那么凶悍的人能够变得如此温柔体贴，于是羞愧而逃，后来回到家中他才渐渐醒悟，原来一切的不如意都是自己的原因，是自己将一个温柔的女子逼得泼辣刁钻。

一个人的世界观、人生观、价值观决定着他的行为与本质。世事变迁，外界很难通过一己力量改变，我们唯一可以改变的就是自己。“江山易改，禀性难移”，改变自己也绝非易事，要通过不断地修为慢慢实现。佛教里有一种修行法门叫作深入思维，也叫生定，是把心静到一波不起的状态。打坐要有一个渐进的步骤，刚开始每天坐十分钟、二十分钟，时长一点一点地增加，即使不能入定也要静坐，慢慢就会有进步。刚开始目标不要定得太高，定一个合理的目标，一点一点推进，不管腿有多痛，都要挺过去。痛苦是短暂的，快乐才会长久，从打坐中寻找到乐趣就能够长久地坚持下去。打坐其实也是每天抽出一点时间让自己的心静一静，想想自己昨天有哪些事情还没做，哪些事情没做好，给自己一个自我反省、自我对话的机会。

修行的最终目标是解脱，因此打坐这种修行方式又叫解脱道，就是要从根本上改变我们的命运。一个人真正悟道、修到圆满境界，不管遭遇什么都能坦然处之，这便是在修解脱道了。这种境界不能一蹴而就，修行需要一步一步来，刚开始的时候主要还是修炼面对生活的心。修行其实和做家务一样，每天起床后，看见哪里脏了擦一擦、扫一扫，家里就会很干净，唯一不同的是做家务清扫的是房屋，修行清扫的是自己的内心。

我建议大家经常去登山，体验那种气喘吁吁、累到趴下的释放；体验那种坐在山顶，任凉风吹走热汗的舒畅；体验那种站在高处往下看的广阔。在爬山的过程中，可以用心去感受大自然的美，鸟鸣、松涛、山泉，等等，这些都是城市喧嚣中难得的纯净景物。这也是为什么有的僧侣隐居在深山老林中，即便没有丰富的物质，没有伴侣，没有孩子，生活看上去枯燥单调，依然觉得十分快乐的原因。他们与自然为伴，与佛法为伍，每天静修、打坐，体察内心，这样的快乐永远不会枯竭。有人觉得喝酒快乐，唱卡拉 OK 快乐，当真正体验到入定的快乐以后，就会发现之前对快乐的理解太过肤浅。

但是也不能贪图打坐的快乐而不想出定，有人迷恋上打坐，便把一切都抛弃了，离开了老婆孩子，公司也不要了，这便是痴狂的表现，并不是真正的入定，而是形成了一种心魔。禅修真正的意义是让我们打开智慧，破除自身恶劣的行为习气。处在深山里并不一定就能发现自己的问题，与他人接触多了反而会找到自身的不足。一个团体里各种性格的人都有，身为管理者应该怎样去协调、整合？自己思维清晰、客观公正是调整他人的前提。

宋朝大文豪苏东坡被贬到一个很偏僻的地方做一个职位很低的官员，那里的环境极其艰苦，他还要亲自下田干活，可是他依然坚持静坐修行，把心安住在所做的每一件事情上。有一天他在深山里耕作，累得满头大汗，无意间看到山间的优美景色，山川碧绿，潭水清灵。于是作诗一首：

空山无人，水流花开；

万古长风，一朝风月。

“空山无人”即破除了我执，达到了无我的状态；“水流花开”是把自己完全融入了自然万物之中而感受花自开、水自流的意境。苏东坡正是借着这种意境表达自己心中的彻悟。“万古长空，一朝风月”是说“万古”

和“一朝”已经合二为一，超越了时空。苏东坡所悟之道正是禅宗所提倡的破除我执的真道。

学佛不是为了逃避，亦不是偷懒，而是为了让我们的生活更加幸福美满，让内心的境界得到提升。禅修能够影响人们的生活，当人们修行达到一定阶段，饮食会变得清淡，心会变得平实，生活会变得简洁，越来越接近原生态。当人生安于简洁，心自会渐渐变得清凉，生活也会充满幸福。

第三章

真正的幸福

走路的速度并不重要，重要的是走的方向是否正确。如果走错了方向，走到最后，会发现路的尽头不是幸福，而是火坑、深渊。

他开宝马在大街上，我骑毛驴在山水间；他在豪宅里喝酒看电影，我在茅草屋里煮茶听雨声。不同的人有不同的向往和追求，有的人追求奢华热闹的生活，有的人向往平凡简单的日子。开豪车去迪拜和“淋细雨，入剑门”都在于自己的选择，其中的快乐也只有自己能够体会。我建议每个人都应该找机会去寺庙里静修一段时间，也许有人觉得清苦，但恰是这种清苦，却能让人在禅修中收获真正的幸福和快乐，这种幸福和快乐，远比开宝马、住豪宅、喝名酒更透彻、更切实。任何物质都只是我们让内心更丰足、更喜悦、更自在的某一种表现形式，有时可以尝试转换一下形式与方法。

近几年，越来越多的都市人来到我们寺院禅修，有的人觉得寺院的生活太清苦了，有的人却觉得是一种从未有过的享受。在不同的禅修者身上，我们看到了多种多样的生活习气，也可以说是生活方式，有的人懒散、随心所欲，上午睡到日上三竿，晚上玩到夜深人静；有的人生活忙碌紧张，时刻计较、攀援、争名夺利。而在寺院的生活是清静的、规律的，尤其是那些修“止语禅”的人，他们只能向内观照、觉察，与自己的心灵对话，独守一份寂寞和怡然。如果长期在安静悠然、淡泊名利的环境中居住，逐渐就会像僧侣们一样，能够凝神静气，不被外物所打扰。

要想经营幸福的生活，其实只需明白两个字——简单。为什么这么说呢？我们看原始人，他们除了必要的打猎、进食外，就是躺在草地上晒太阳，与长者进行交流，他们的心神是安定的，情绪是平稳的，思想是满足的；但现代科技的发展，让事情变得越来越复杂，生活成了战场，大家互相攀比、争夺，炫奇斗巧，追求奢华的享受，挖空心思让自己拥有更多的财富，没有得到的时候渴望得到，得到了又害怕失去，或者希望得到更多，因此人人都活在焦虑、烦躁、恐惧和不安之中。

如果把生活简化成简单的衣食住行，就会发现，人生原本可以很幸福、很清静、很安乐、很闲适、很自在。把自己从无数困扰的枷锁中解放出来，便不再需要考虑错综复杂的人际关系，不再需要左顾右盼，不再需要患得患失，不再需要斤斤计较，不再需要绞尽脑汁，不再需要望洋兴叹……简单的背后，一定是幸福的自给，一定是一个单纯又丰足的灵魂。幸福建立于内在的发掘下而不是外在的攫取，只有向内寻找，向心灵寻找，幸福才能不随外物移动而变化，因而可以守恒、可以永驻。

很多人认为，出家人之所以出家都是因为在尘世无法获得幸福，于是怀着逃避的心理遁入佛门。然而这只是对佛教片面的理解和认识。要知道佛教从汉朝传入我国后，能得以不断发展绵延至今，其思想、教义、文化、智慧给人们带来的深刻影响已经渗透到了生活与社会的许多方面，其功德也绝不仅仅是给人们提供一个逃避痛苦的地方。这也是为什么会有那么多人剃掉三千烦恼丝，舍弃金银珠宝、香车豪宅，宁可不结婚，心甘情愿到寺庙里过依法守戒、清粥淡菜的日子，甚至要把自己的一生都投入研究已经流传了千百年的高深典籍之中。

佛教能够延续到今天，就是因为大家需要它。三武灭佛这样的浩劫都没能将佛教摧垮，春风轻轻一吹，佛教又如土地里的草一样吐芽、蔓延、滋长。这是因为佛教一直在做利益他人的事，它是为解决人的悲苦、烦恼而来。佛教在创立之初，就已定下慈济众生、惠泽万物的基本思想。佛教讲求普度众生，就是为了能够使人安定并超然地行走在世上。

任何对大众有益的文化、事业都是有力量的，都是能够长存的。就好像我们翻开历史书所看到的那些名垂千古之人，他们无不是做出了对世界、国家、百姓有益的丰功伟绩。而佛教文化在中国传承的2000多年里也孕育了无数对世界、国家、百姓做出贡献的人。为此，常有修行者将佛教事业比作经营了几千年的连锁企业，并向我询问其千年不衰的经营之道。我想，如果一个团队、一家企业、一份事业想屹立不倒，想传承百年、千年，就要时刻发慈悲心、利益心，就要时刻考虑自己是否有为大众带来利益、方便，是否践行了自己的社会责任。

电影，听起来就是个很高大上、很烧钱的事业，动不动就要投资上千万甚至过亿元。生活中蕴藏了太多精彩的电影，每个人都可以是主角，很多人都梦想能将自己的一生拍成电影，或喜或悲，或励志或感人，但是高成本的投资，埋没了很多优秀的导演、优秀的演员。我有一个感同身受的朋友，没有机会拍电影，他便将目光对准了微电影，并推出用镜头记录平凡生活的公益活动，通过镜头和快门帮助普通人留住生命里所有的美好瞬间，供他们年老之时慢慢欣赏、静静回味。我看了朋友拍的几期微电影，深受触动，情景很琐碎庸常，拍摄场地十分简陋，但却很自然，真实而感人。看到细微处不禁想起了自己的过去，那镜头里的山水好像是我曾经去过的地方；那田间干活的老人，好像是我的亲人；那升起来的袅袅炊烟里，好像能闻到熟悉的饭菜香。我不禁对朋友赞不绝口，这样的活动满足了人们真正的需要，这才是真正有意义的电影，并非为了拍摄而拍摄、为了票房而拍摄。而我这位有爱心的朋友，也因这项公益活动而名利双收，企业越做越大，片约爆满。

要想掌握企业的经营之道，首先要了解企业是围绕人来经营的，是为了满足人们显在需求或潜在需求而存在的。有句话说得特别好："顾客是上帝，顾客是衣食父母。"只有满足了顾客，才能够发展自身。然而，这句话的含义人人都懂，却并非人人都能成功地运用它，这就是道和术的区别。因此，在经营之中，我们光有方法是远远不够的，更重要的一点是培养自己的慧眼，只有这样才能真正做到想客户所想、利客户所利，否则亦步亦趋没有创新，只能被淘汰于与同行的激烈竞争中。

这个道理其实我们身边处处可以验证。记得有一次我们寺院的采购员去买香蕉和苹果，不真诚的商家让他在摊位上挑选，善良虔诚的商家将采购员拉到屋子里拿出自己新到的货供其任意挑选，而善良又懂经营之道的商家不但拿出自己最新鲜的货，还赠予采购员很多其他品种的水果。这样的商家就抓住了客户内心潜在的需求，试问我们去水果摊上买水果，看见五花八门的水果新鲜亮丽，怎么会不想都尝一尝呢？赠送不同品种的水果看上去不划算，但是这样既招揽了顾客，又推销了自己的产品，同时还会给人留下好印象，这样真诚待人、积极让利的行为让那个商家的水果店一直保持着兴隆的生意。

很多人说香海禅寺经营得特别好，能在短短几年里有如此大的规模和成就，堪称奇迹。然而，在我看来它并没有多么出类拔萃、多么独树一帜，它唯一与众不同的是，寺里的主体建筑不是大雄宝殿，而是万佛殿，殿中并非千手观音而是万手观音。当然，我们这样做并非是为了出奇制胜，而是想要更好地传达相应的佛学理念。

寺院建起后很多朋友问我：师父，你们的香火旺不旺？

我很感谢朋友们对我的关心，但我也如实回答：我从来没有考虑过寺院的香火旺不旺。在接任这个寺庙之初，有人曾说，我当这个寺院的住持后，大家可能连饭都吃不饱，还是赶紧各自逃生吧。有这样不信任的声音很正常，我也没有在意，仍然按照自己的意愿去做，按自己的初心去经营。以前每逢初一、十五，大凡到香海禅寺吃斋饭的人，必须要给 5 元钱。我接手后便取消了这种“必须”，让信众们随心所欲地吃。有人担心这样会把寺庙吃到没米下锅。但是我们这样做了以后，发现以前收钱的时候最多也就收五百八百，可是后来不收斋饭钱了，钱反而更多。原来，自不收费后，来吃斋饭的人多了，每个人捐的钱也多了，因此，根本没有吃穷这一说法。

香海禅寺的定位始终没有涉及物质和钱财，我们总是想着怎样去奉献众生、利益众生。不贪、不念，反而给香海禅寺带来了快速的发展。现在很多寺院都商业化，推出求签、解签、烧高香、许愿、问卦等活动，目的就是骗取信众的捐款，谋取自身的利益。曾经也有人找到我，说给我 100 万元，让他在香海禅寺设一个求签算卦的点，我果断拒绝了。因为我相信群众的眼睛是雪亮的，人的信仰也是不能收买的，长此以往，人心冷了，香火自然就断了。这世上最无价的就是信仰，信仰只能用信仰去感化、接引而产生共鸣。真正树立起了度化众生的愿望，众生才会聚拢、围绕在身边。目前，香海禅寺还有更多、更长远的计划，我们仍然不担心钱够不够用，只要我们的目的是给众生谋福祉，我相信资金和物质都会自然聚拢而来。

企业的经营也是如此，如果能够将企业与众生的诉求绑在一起考量，企业的发展壮大也只不过是瓜熟蒂落之事。但是很多人创业之初，却错误地将创业目标定位在赚多少钱而不是惠及多少人之上。因此，企业往往活不到两三年就倒下了。企业的定位特别重要，它有着可以决定生死命运的作用。而企业的定位，主要来自经营者的个人的定位，如果经营者一心追求享乐，为满足私欲恨不得将天下财富都装进自己的腰包，那么这个企业肯定很难得到善终，企业经营者会众叛亲离；如果经营者考虑的是企业的社会责任和对人民的奉献，企业在发展的过程中就会获得各方的支持和帮助。有了一颗服务社会、利益百姓的心，钱自然会越赚越多，企业自然会日渐壮大。

老子说：“知和曰常，知常曰明。”社会和谐、天下人幸福快乐便是“和”，明白“和”是一种平常的、不变的道理，那么就是“明”，就是聪明、睿智之人了。明和暗是对立的，身处光明就远离了黑暗。这个道理又如有句话说的：“正则通，通则达。”道路是正的，当然就通畅，通畅就能顺利到达目的地。很显然，通畅的道路不是自私自利的偏狭小道，而是符合宇宙规律的天地大道，是芸芸众生都可以走、都愿意走的光明之道。走在这样一条光明大道上，肯定是幸福、吉祥的。

香海禅寺最让人赞叹的是它的学习平台。我们有自己的网站、博客、微信、短信平台、读书会等多种学习方式。我们的小册子，如今已经印了近百万套，散播五湖四海，甚至连纸张都是进口纸中最贵的，我们每季更新的杂志也用这种纸。香海禅寺每年印书的花费高达300万元，尽管如此，我们所有的书始终坚持免费发放，连邮寄费都是寺院来支付。我并不是在炫耀香海禅寺有多么的富有、高大，更不是凸显我自己多么的有能力，这一切做法都源于我们的使命感。书籍、杂志、网站、博客等，都是为了让更多的人学习到佛法的究竟智慧，从而减除烦恼、悲苦。而对于用来分发给众居士、香客们的书，如果质量差了，怎能经得起长久翻阅？

香海禅寺无论发展成什么样，无论繁盛还是破旧，都不会忘记利益众生的初心。有些人当了官、做了老板就开始换车、换房、换爱人、换朋友，甚至有些居士跑来跟我诉苦，自己的孩子出人头地以后连父母都疏远了，嫌父母给自己丢人，这样的做法只会让千辛万苦积累起来的福报顷刻消散。有多大的德行，就能承受得起多大的成就。大凡德行不够的人，也是佛教经典中常说的没有福德之人，这样的人即便当了官、发了财，也只是一时的，是无福享受的，因为德不配位。

“人品就是财富，奉献等于积累。”欲成大事，首先就要修炼人的品质和德行，面对当下这个急功近利的社会，我想说的是，走路的速度并不重要，重要的是走的方向是否正确。如果走错了方向，再努力、再聪明、再有才华，都只能是邪恶的助长器，走到最后，会发现路的尽头不是幸福，而是火坑、深渊。

经营家庭、经营人生、经营企业的智慧与宗旨，往往能够决定其成败、兴衰。宗旨就是我们上面所说的善的发心。而智慧从哪里来呢？从学习中来。人们常说“活到老，学到老”，就是在强调学习的重要性。的确，人无完人，无论是在品格、修养，还是在知识、能力方面，每个人都需要不断去学习、去提升。懂得学习的重要性并能够努力学习，本身就是一种至高的智慧。

中国历来重视教育，先秦时期就有了成规模的学校，如今年轻人更是需要从小学开始到大学甚至到硕士、博士，接受近 20 年的学校教育。当然，并非所有的知识都只能在学校学，“处处留心皆学问”，只要有一颗好学之心，时时处处都能够找到启发自己智慧的人、事、物。

好学是一种态度，善学是一种能力。孔子说“三人行，必有我师焉”，意在说明每个人身上都有值得他人学习的独特闪光点。孔子又说“见贤思齐，见不贤而内自省也”，告诫我们看到别人的长处就要去学习，看到别人的缺点就要反省自己有没有同样的毛病，有则改之，无则加勉。

但是学习需要技巧，并非一味照搬照抄。正如学书法临帖，其要旨是“先与古人近，后与古人远”“先与古人合，后与古人离”，意思是学习了古人的精粹后要与自身相结合，融会贯通成自己的东西。学习的过程便是一个消化、吸收、再创造的过程，有了基础却不进行创新，不能独出机杼，永远只能亦步亦趋、人云亦云。

怀有一颗学习之心，就会发现身边总有可以学习、汲取的素材，有的人不信佛，便称信佛教为迷信，而有的人即使不信佛也会认真研究佛学经典，汲取其中对自己人生有意义的部分，比如善念、静心、为人处世的智慧。

佛教的最高智慧是“空”观，“空”不是空洞、空乏、空泛，而是指万事万物缘起寂灭都有相应的法度因由，不必苛求某一种特定的状态。因为事物的本质是不断流动、变化、生灭的，凡事不可执着，一旦执着就着了相，最终给自己带来极大的痛苦和失落感。一个证入般若实相的人，他的内心是清净的，他的世界是静止的，正所谓“江河竞注而不流”，如果他能透过现象撷取本质，就能在无为中把握住“真我”。

人之所以痛苦，就是因为错误地看待世间的万事万物，把生灭当作永恒，把流动不居当作一成不变。生活中那些恋爱失败、婚姻破裂、婆媳妯娌不和等问题，皆出于此。曾有对夫妻找我诉苦，丈夫说他每天早出晚归，累死累活还不被理解；妻子说丈夫变心了，说过一辈子对她好的，结果半辈子还没有到就开始冷落她了。我对女居士说：你念念不忘以前他对你的好，现在不好了，便不能接受，这是愚痴。变化为事物的本质规律，任何事物都有生老病死、成住坏空的过程，感情也是如此，有热烈期，有疏淡期，它一直在发展。一个人最好的状态就是“安安而能迁”：既能适应平安稳定，又能适应变化不定，执而不着，安于当下。

最明智的人，始终不离实相，只有如此才能摆脱现实的奴役。心的究竟解脱，一定是超越二元能所对立契入一元空性，在这个基础上，才能把握事物的核心。倘若只停留在事物的表象，就永远把握不了事物存在的规律，最终陷入被动局面。

说到底，是要通过历事练心，最终达到“转物而不被物转，转事而不被事转，转人而不为人转”的定力。物随心转，境由心造，有什么样的心，就会反映出什么样的世界。

空性是在参透了“无”之后达成的自然状态，拥有空性并不是要对整个世界失去热忱，而是收获豁达、无谓、平静、喜悦。达到这些，便是具有行云流水的情怀的禅者，而这样的禅者，一定能经营出风生水起的事业、幸福美满的家庭。

第四章

有一种修行从“链接”开始

思想决定行为，行为决定人生。

第四章　有一种修行从"链接"开始

宇宙洪荒，时空循环往复，万事万物都处在相互作用之中。人、事、物之间存在着相应的链接，点击之后就会发生跳转，通俗地讲，链接其实就是人与世界的关系。无论是身与心的和谐还是自身与外界的交流，都离不开这一关系的支撑。

因为人本身就活在各种关系之中，我们无法做到绝对孤立，并且在家庭、工作、社会、民族、国家等不同的关系中，还需要扮演不同的角色。如果想把角色演好，想把关系打理得井井有条，就需要给自己以正确的定位。定位并不是简单的安排座位次序，而是要明白自己所担负的这个角色的责任。一个人面对父母是儿女，就要心怀谦恭孝敬之心；面对子女是家长，就要言传身教、以身作则；面对爱人是伴侣，就要关心爱护对方，包容对方的缺点。人总是一边犯着糊涂，一边努力寻找正确的答案，一边虚度着生命，一边探寻生命的意义。只有有了给自己的正确定位，才能有打开链接的机会。

生命的内涵和外延本身也是相互链接的，横向的拓展与纵向的纵深相互交织，形成了一个立体的、完整的人。

当横纵链接不断向外延伸时，人们生命意义的深度和广度也会随之发生变化，对自身、对社会、对世界的认识与解读会不断随着外延的改变而更加深刻、更加客观。因此，不断将自己与社会的进步、国家的强盛、世界的发展相联系，是挖掘自己人生价值和意义的重要途径。时刻牢记自己的使命，让生命中的链接更有效、更有意义。

如何才能让链接更有效、更有意义？禅修，就是打开自己与世界之间链接的重要方式。为什么这么说？因为禅修能让我们安静下来，达到身心合一的境界，在这境界里面，我们能看清事物的本质，能用智慧的眼光去看待与我们有链接的一切人、事、物。有人抱怨禅修的时候要想真正进入禅定的状态很难，为此我给大家推荐一个静心凝神的方法：瑜伽。

瑜伽讲究呼吸与姿势，身心之间相互链接、互动，慢慢会因为身静而达到心静，身心是不二的，肢体动作可以影响到心灵，反过来心灵也能影响身体。由瑜伽入门，是一个简单易行又十分有效的方法，一开始就强迫自己打坐肯定难以静心，所以瑜伽是进入禅修的一个最好的通道。

瑜伽其实已然成为风靡全世界的一项运动，甚至有几次我在飞机上看到机乘工作人员教大家的安全防护动作中，都有一些是从瑜伽中衍化而来的，可见有益的东西在任何场合都可以用得到，这与瑜伽本身的巨大魅力也有关系。

练瑜伽不仅是在学习简单的呼吸方法和肢体动作，还要通过这些缓慢柔韧的动作使自己的身体放松下来，思想沉静下来，修炼一种气定神闲、一份云淡风轻。瑜伽能够帮助我们的，不仅是身体的健康，更是思想的升华。

在佛法中，最高的境界是般若实相。什么是实相，说白了便是事物的本来面目，用通俗的话就是事物最原始的状态，就是宇宙规律，就是人的自性。用中国最简单的话说就是“道”，“道”即一切“气”的原点，因为道是形而上的，形而下就变成气，变成有相的东西了。道是无相的，但是无相的东西可以变出有相、通达有相。也就是说一切“有”都是“无”生出来的，这个“无”才是根本。“无”并不是没有，“无”是我们用人类的语言无法描述的一种状态，可以称之为“实相”。

练瑜伽即是通过“术”进入“道”的层面，然后再去跟自己的身心、自己的思想形成有效的链接。这种链接可以把心打开，从而进入一种大自在、大无碍之境界。有人觉得自己做什么都有很多阻碍，比如想开店，没钱；想办事，没人；想挣钱，没门道……总之，有无穷无尽的问题阻碍着前行的脚步。如果某一天进入“道”的层面后，用宇宙“道”的思想去思考所碰到的一切问题，那么所有的问题在这个层面都能化解、通达，最后与之达成链接，心想事成。当然，达成链接的前提是有这种格局和高度去思考事物存在的规律，找到了规律，做任何事就没有那么困难。所谓的困难，其实是自己给自己设定的条条框框，自己陷进去走不出来，思想达观了，便不会再拘泥于外在的形式与框架，也不会被困难捆绑束缚。

“般若实相”“本来面目”或者“道”，应该怎样理解？依旧可以拿练习瑜伽来举例说明，练瑜伽并不一定要做到每个动作都准确无误，享受瑜伽带来的乐趣和心境才是最重要的。体验到快乐，认为练瑜伽是美好生活的享受，是健康和快乐的源泉，就不会再把练瑜伽当作痛苦不堪的事了，自然而然会持续下去，坚持练习，动作怎么会做不到位？“般若实相”也是在表达这一道理，只要有所收获，便不必拘泥于过多的形式，没有了苛求，反而会变得更好。

一个家庭如果幸福喜悦，成员之间关系融洽，那是因为每个成员都努力为这个家庭增色，心甘情愿为家人付出，而不是坐享其成。一个企业、一个单位也是如此。从身体到家庭，从家庭到组织，从组织到企业，再往外延伸，整个国家，整个民族，整个世界，都是这样。家庭里面的成员不和谐了，会闹出矛盾，产生痛苦、纠葛；

国家与国家不和谐了，会产生敌对，甚至爆发战争。

一切事物都有自己存在的实相状态，不苛责、不强求，尊重自然、保持本真，保持心灵的宁静喜悦，便会看到世界的美好实相。

当然，每个人都有不同于别人的追求，也都担负着自己的使命。达到目标，完成使命，只是完成了某项任务，如果想要从这些目标和使命中体现自己的价值，就要在其中找寻对于他人、对于社会的意义。

如果有人需要自己，自己存在的价值就会体现出来；没人需要，存在感与价值都会降低，低到极点时，就被这个社会淘汰掉。因此，一个人的价值，也是与社会、世界之间的一种链接。

人天生有种顽固的习气，只做对自己有利的事，没有油水可捞就袖手旁观、不闻不问。这种处事方式只会在前进道路上为自己制造障碍和困境，限制自己的发展。

反之，当把自己的行为放入整个人类社会的广度中去，想着自己的行为对众生有益，无私的心态便会带给人顺风顺水的环境。

不计回报的付出，在佛教中叫“培福”，人的福气越多，能量就越强。曾经有人问我：“为什么我这几年做任何事总是碰壁，遇到许多障碍？”我说：“这是你的福气不够，要多积福。当你福报足够多的时候，做任何事都会有很多人来帮你、支持你、力挺你，直到完满。”他又问我：“怎样才能积福？”我说：“做任何事要想尽办法去利益别人，要千方百计让别人欠着自己，这就是在给自己积福报，占别人便宜反而损伤自己的福报。”后来这个人照我的话去做了，不但实现了自己所想，还开始教身边的人要积累福报，不要贪便宜，不要算计别人。

利益别人能够得到福报，占别人便宜则折损福报。

懂得让别人占自己便宜，这才是有智慧。人们常说吃亏是福，这句经典在佛教的教义中也得到了印证。海宁一群企业家创立了一个课程，叫“吃亏是福”，天天讲吃亏是福的道理。有位企业家投资十多个亿，在山东曲阜建立孔子学院，引起了社会各界的广泛关注和称赞，这样一种正能量和正面形象给他的公司带来了很多意想不到的机会，因此事业的发展便十分顺利。我原来在普陀山当教书匠，一穷二白，后来来到桐乡。其实香海禅寺成立之初也是困难重重，可以说走过了一段拓荒时期，后来经过一群人坚持不懈的努力，香海禅寺焕然一新，原来长满荒草的土地上建起了一座座殿堂。在修建庙宇的时候，香海禅寺并没有钱，但我们一直坚持做一件事情：布施。可能很多人不理解，你们没有钱、没有物，怎么布施？用思想、用佛法。当我们不断尽自己所能去布施时，便得到了各行各业人们的支持、帮助。

布施的力量太强大了，我们的布施带来了巨大的连锁效应。比如，我们建庙宇的资金得到了解决；五观堂总是满座，却从不用担心无米下锅，总是会有及时的补给；寮房居住着从四面八方来的禅修者；佛法、禅学以及香海禅寺的理念也得以不断推广。

布施是件快乐的事。近几年我常到外面讲课，即使对方没有给我订机票、派车、订酒店，甚至不提供餐饮，我都觉得没关系，付出而没有企图之心，就会很快乐。有一次我从澳洲回来，还没待上一个小时，又被请到宁波去，给一场讲座当主持人，还要负责写讲稿。本来以为结束了，又临时被一家寺院邀请去讲课，有人劝说我拒绝或再约时间，我却不假思索地登上去那家寺院的车。能有传播佛法、帮助他人的布施机会，虽然行程紧凑了些，但我心中却感觉不到丝毫疲累。

人活在世间如果什么都以金钱、物质作为衡量其价值的标准，就被绑架了，成了金钱、物质的奴隶。只要最基本的生活需求得到保障，就没有必要再去追求奢侈和豪华，因为多出的部分也只是浪费。就好像吃一顿饭，有的人花十块钱可以吃得很开心，但有的人花十万元也未必吃得快乐；有的人穿物美价廉的棉麻衣服也许很舒适、很随意，但有的人穿价值百万的貂绒却像是被捆住了手脚。实际上人的生活需求很简单，衣食住行只要够用便已足矣。当人无限放逐自己的欲望去追求奢华时，只会为物质所有，成为一台消费机器。把贪欲放下，心灵里原本的丰富才能开始异彩纷呈地显现出来。多欲为苦，知足常乐；知足不辱，知止不殆，这是古老的智慧。

也许很多人会说：“师父，你是个出家人，当然不用在意金钱、物质了。但我生活在世俗之间，上要养父母，下要养儿女，没有钱，我不能送孩子去精英学校接受好的教育，没有钱，老人病了，我不能给他们提供最好的医护环境。更现实的是，没有钱我可能都结不起婚。”

不过，对于挣钱这件事我想说的是，一个人真正放下钱，放下对“我”的在意、放下执念与斤斤计较，才能挣得到钱。赚钱的最高境界便是不追求钱财，但是金钱却源源不断地向你奔来。就拿我自己来举例，我每次受邀出去讲课都不收钱，但越是这样，就越是有人追着要给我钱。北京有一个老总就对我说：“师父，你每次都不收钱，我以后就不敢再请你来讲课了，除非你跟我们签订合同，一年帮我们讲 100 堂课，每堂课我给你 2 万元，一共 200 万元。”我听了便开玩笑说：“我就值 200 万元吗？我觉得自己远不止值这些钱呢。”我没有跟他签合同，不是因为钱给少了，而是我不愿意拿这些钱，我可以力所能及地给他讲课，但我绝不能收取分文。因为我想做自在的穷和尚，我做的是布施，而不是交易，布施使人快乐，交易只会令人迷失，在计算与贪取中失去利益众生、弘扬佛法的初心。

虽然我是个穷和尚，但是倘若我要建设寺院、利益众生的时候，却从来不会为了钱而发愁，因为我会得到很多人的帮助和支持。当我们为别人布施的时候，也能潜移默化地成就别人，成为一个幸福快乐的布施者，这是一件非常有意义的事。人不是靠金钱的驱动才会去做善事，有一种更高远的理想和价值比金钱的力量更加强大。人活着最终体现的是一种精神，卓然独立，不合流俗，不能被物质、权力和名望所左右，人身上体现出的人格的力量和魅力是金钱无法衡量的一种价值。我们现在买东西时总是习惯性地看一下是什么品牌，为什么会这样呢？道理很简单，品牌值得信赖，品牌包含着优良的价值和服务。人其实也一样，也要拥有自己的品牌，或者将自己直接打造成品牌。当我们个人的品牌树立起来，我们创业也就能够得到各方的加持和帮助了。每个人都要在心里问问自己：我的品牌是什么样的？我的品牌价值有多高？

这些答案在哪里？就在自己平日的行为里。思想决定行为，行为决定人生。一个人总要学会进行独立思考，不被别人的价值观所左右。别人说买车，自己便要买车；别人说买房，自己便要买房；别人说开店，自己便要开店。这样始终被潮流裹挟、被别人牵着鼻子走，就失去了自己的本心，成为他人的附属品、复制品。

这些问题不思考清楚，每天就会生活得混沌、苟且、很没营养。下班了不知道怎么打发时间，打麻将、K歌、聊八卦……不知道如何处理业余时间，是因为对人生的目标不够明确，所以每天活在无所事事当中，无法突破自己。当然有人认为这样过一生自己也无怨无悔，这种想法太过消极，是对自己的放任，连自己都掌控不了、认识不清，如何赢得他人的尊重，如何树立自己独特的优秀品牌?

不要说业余的空闲时间，就是面对自己的工作，你是不是做到了自己的极致，是不是成为了所在团队里最优秀的人，是不是让别人一看见你就眼睛闪亮，是不是有别人难以替代的价值和意义？人的构造是头在身体顶端，眼睛的位置很高，就是因为生活中需要看远一些、考虑远一些、定位高一些。有了长远的目光和不断进取、超越的精神，自然能够做到万里挑一。

有的人脾气十分火暴，一点就着，有的人涵养深厚，秉性温和，这与心灵的容量有关。倘若我们内心如一杯水，那扔进去一颗小小的石子都会搅得不平静。倘若是水塘，那一粒石子扔到里面会是什么情况？如果是大海，即使航空母舰沉没到海底，也不会有多大波澜与动静。没有容人之量，便没有大的情怀和境界。

若想经营成功的人生，便要有这份修养、这种高度。学习佛学可以帮助自己达到这样的境界，最简单的就是阅读《心经》，再深一点是《金刚经》。南怀瑾先生有一本著作，叫《金刚经说什么》，很通俗易懂，值得一看。人们都觉得《金刚经》是讲“空性”的书，我想不仅如此，《金刚经》中的道理也能够助人致富。美国有一个叫罗西的人，他就是遵循《金刚经》里面的道理，获得了大笔财富。

佛教是智信不是迷信，它给人智慧，如果理解不了佛学中的智慧，只能说明因缘尚浅，慧根和福报都还不够。慢慢参悟，打开自身与佛学教义之间的链接，自然悟透。

人与世界之间的链接，决定着自己解读世间万物的角度和方式，决定着自己将成为什么样的人，拥有怎样的人生。

第五章

心是一切的根源

事事行得磊落，才能时时光明。

佛教认为，心是一切的根源，修道即为修心，成佛也是心的转凡成圣。人们平时无论修行、学习，还是求世间的福报，抑或追求自我超越，这些目标的达成，都需要心的转变。

心的转变，可以分为以下四个方向，或四个角度：菩提心、光明心、清凉心、欢喜心。

菩提心

菩提是觉悟、智慧的意思，发菩提心能让迷惑的人达到觉悟。

菩提心是利他之心。在佛教里有“四宏誓愿”的发心：众生无边誓愿度，烦恼无尽誓愿断，法门无量誓愿学，佛道无上誓愿成。第一个愿讲的是度众生；第二个愿讲的是断自己的烦恼；第三个愿讲的是要学习无量法门，应机度化别人；第四个愿讲的是自己要成佛。可以看到，在这四大誓愿里，自己与众生连为一体。将自己的修行和度众生联系在一起，就是将自利和利他联系在一起，在成就众生的同时成就自己。

寺庙里的罗汉塑像都是五花八门、奇形怪状的，但是菩萨的相貌基本上是一个形态，十分庄严。其实按照佛教的戒律，罗汉应该比菩萨庄严，比菩萨好看，因为比丘最后成的果为罗汉，而“比丘戒”要求六根不全者不能受戒，“菩萨戒”就没有此规定了，缺胳膊断腿都可以受戒。但是罗汉是“自了汉”，只度自己，而菩萨却自利利他，有无上菩提之心，最后成就的果报，当然比罗汉圆满得多。

发菩提心，即是发无量正知正觉之心，大千世界、芸芸众生的成住坏空、生住异灭都会尽收眼底。怀有菩提之心的人的胸怀和眼光异于常人，什么都能看开，什么都能放下，什么都能接受，拥有超拔的力量和卓越的智慧。

每个人都需要发菩提心，发起无量的利益大众之心，而不是时刻打着自己的小算盘，想着自己的回报、自己的利益。时刻想着能为社会贡献些什么，社会自然会回馈给人丰厚的回报。

企业家若是发起无上菩提之心，思想境界自然更宏大，更能高瞻远瞩，会从大的局面上去筹划问题、决策问题，不会陷入狭小的个人得失，不会因为一笔生意丢了就气得睡不着觉，也不会因为竞争对手生意好了就咬牙切齿。一个发起菩提之心的人是无我的，念念为众生，将自己融入众生，在成就众生的同时成就自己。

菩萨最主要的特征是有悲悯之心、利他之心，因此，每一个具有爱心和奉献精神的人都可以称为菩萨。爱心不断传递、链接，仿佛观音菩萨形成千百亿化身。有千百亿菩萨在度众生，这世界就是一个极乐之地。

身为香海禅寺的住持，我特别关注寺院每月做了哪些利益众生的事，送出去多少书籍、光盘，有多少人来寺里禅修，有多少沉沦于生活困苦中的人在得到我们的开示、启发后重新开始喜乐的人生……至于寺院一个月收入多少，有多少人捐款，我并没有统计过，也不关注。在我眼里，这些钱十方来十方去，来之于众生，用之于众生，寺院只起到一个中介作用。老子说："大白若辱，大盈若冲，大直若屈。"越优质就会越简单，越高深就会越平常。保持利他之心，保持最初的发心和理念不动摇，便有了做到优质和高深的可能性。无论是个人还是企业，有了利他之心才能最终利己。

不过，利益他人也要有正确的心态和方法，如果心中充满敌意、干扰、纠葛，即使出发点是善的，也并不一定能收到好的结果。南非国父曼德拉，积极反对种族隔离制度，曾担任非洲国民大会的武装组织“民族之矛”的领袖，主张以暴力推翻政府。但是多年后他转而支持调解与协商，用一种更冷静、更理智、更柔软的态度来解决种族隔离问题。种族隔离终结后，曼德拉受到了各界的称赞，包括他曾经的反对者。最终南非种族隔离制度的取消经过较为和平的转型得以实现，如果当初用暴力方式进行变革，恐怕无论是大陆还是整个世界都是一样。

一个人要时时怀有菩提之心，善良与爱心最容易获得共鸣、感应与回馈，会吸引相同品格的人来到身边。“爱人者人恒爱之，敬人者人恒敬之”，这是千古不变的道理。

翻开历史，会发现那些心怀天下的君王往往能够获得贤良之臣的辅佐，因为他求贤若渴、广开言路；而贪图享乐的昏君却总是吸引一群奸佞的小人围在身边，声色犬马、乐不思蜀。孙皓晖写的小说《大秦帝国》中便描述了这样一个场景：战国时期各诸侯国的纷争愈演愈烈，此时各诸侯国聚集人才的数量与质量便成了决定胜败的关键。魏国国君为了迎接孟子准备了豪华的马车和浩大的仪仗队，并亲自出城三十里迎候。当时的通信十分落后，信息不能及时反馈，魏王并不知道孟子到达的具体时间，于是等了整整一天。虽然孟子“姗姗来迟”，但是魏王没有丝毫恼怒，亲自把他扶上车带回皇宫，在群臣面前向他顶礼。魏国在战国时期鼎盛一时，与国君的爱才、惜才是密不可分的。

上至一个国家，下至一个企业，要想强大、兴盛，人才绝对是第一资源和第一竞争力。“君之视臣如手足，则臣视君如腹心”，尊重人才、爱惜人才是人尽其才的前提。

企业若想发展，经营者就要降尊纡贵，谦虚地礼贤下士，让员工充分发挥自己的智慧和潜能。另外吸引人才要依靠相应的企业文化，企业文化是个笼统的概念，它集合了企业掌舵人的使命感、人生信念和价值观。同频共振，良好的企业文化能够吸引到更优秀的人才。“门内有君子，门外君子至，门内有小人，门外小人至”，一个企业的老板如果有大使命，有广泽天下、利益众生的信念，有“无私无我的态度，有先天下之忧而忧、后天下之乐而乐”的精神，他的人格光辉和精神力量自会高屋建瓴，光明烛照，最终“天下英雄，入吾彀中矣”。

在一次青年论坛上我曾提出过“义工银行”的理念，人人献出爱心，人人接受他人的爱心，通过全社会的参与，传播正能量，促进社会的和谐。

这个构思的缘起很简单：香海禅寺旁边有家敬老院，我时常从门前经过，发现许多身体十分健康的老人经常在门口一坐就是一整天，无所事事，白白消磨时间。我想，也许他们可以做一些力所能及的事，诸如帮别人拖拖地、择择菜，陪别人聊聊天，等等。如果有这样一个帮助别人的机制，他们就可以把自己行善的时间储存起来，等到自己需要帮助的时候支取相应的时间，便能获得他人无偿的服务。比如今天帮别人拖地板，把时间储存起来，明天给某个生病的人送饭，把时间储存起来，等某一天自己生病了，就可以支取时间让别人来照顾自己，相当于自己行善的时间有了回报。

照这个构想，养老院便不用再雇用太多工人了，这些老人的价值与余热也能够充分发挥出来，而且可以加强与他人的互动，打破人与人之间的隔阂，心里充满温暖、快乐，对生活的热爱也不会随着年龄的增长而减少。如果将这个方法再进行推广延伸，面向全体社会，那么整个社会就是一张交织联系的大网，每个节点都是一份善心。例如这个星期天没事，带着妻子孩子去做一点公益，以后因为出差不能照看生病的亲人便可以托人照管，不必再担心。“义工银行”存在的意义是让所有人都付出爱，打破隔阂与冷漠，把人心中的柔软和善良开发出来，这样整个社会的运转都会进入良性循环。这样一来，人与人之间便不再是孤立的，每个人都好像一滴来自大海的水珠，浪花扬起来的时候散乱无章、各自为营，但每一滴水珠最终都会落下，重新奔腾入海，仍旧不分彼此，合为一体。

人与自然亦密不可分，花草树木、虫鱼鸟兽对于人类来说都有着重要的意义。如果环境破坏、生物链断裂，人类也无法独存。佛教要求不杀生，正是基于这样一种深层的规律和理念。印度人会把一棵古老的树木奉为神灵，虔诚地对其顶礼膜拜，认为伤害树木就是侵犯了神，必有灾祸。这样的行为看起来非常迷信，但是其中也有可取的道理。一棵古树历经几百年的风霜雨雪，本身就是历史的见证者，它所承载的缅怀往昔的文化意蕴便十分丰厚；古木一般都参天，树的各个角落可能都栖息着生灵，砍伐一棵古树不仅破坏了它的文化价值，也摧毁了一个小小的生态系统。

冯梦龙的杂记《智囊》一书中有段有趣的记载：唐朝宰相魏元忠还没有发达时，家中有一个婢女出去汲水，回来看见一只猿猴在厨房里看火，婢女惊奇地告诉魏元忠，他却不慌不忙地说：“猿猴是同情我没有人手，为我煮饭，很好啊！”有一次他叫仆人没有回应，家里的狗代他呼叫，魏元忠说：“真是懂事的狗，为我代劳。”在家中独坐时，一群老鼠拱手站在前面，魏元忠说：“老鼠饿了，来向我求食。”就命令仆人拿食物喂老鼠。夜半时有猫头鹰在屋顶鸣叫，家人想用弹弓赶走它，魏元忠又阻止说：“猫头鹰白天看不见东西，所以在晚上出来，这是天地所孕育的动物，你把它赶走，要它去哪里？”因为他如此坚持，后来家人也就见怪不怪了，他的家从此就像一个动物园。后来魏元忠成了唐朝著名的政治家，并两次出任宰相，他的成就与他的宅心仁厚和众生平等的理念是密不可分的。

修炼菩提之心，就是修炼自己内心的善良和包容，有了兼济天下苍生的抱负，自然就有了菩萨一样的内蕴和气度。

光明心

光明心就是内心没有黑暗，全部是积极向上的正能量。

光明历来与黑暗对立，明来则暗谢。人看到阳光明媚、鸟语花香往往会身心舒泰愉悦，看到快乐单纯的人也会被他的正能量所感染。美好与温暖能够帮助人们清扫内心的郁结和黯淡，心灵一旦充满光明，阴暗的东西就无处立足。

孟子说“吾善养吾浩然之气”，“浩然之气”可以理解为光明之心。正因为有了光明磊落、不着纤尘的心，才能够在任何境遇中都恪守本心不动摇，才能够“贫贱不能移，富贵不能淫，威武不能屈”，“穷不失义，达不离道”。心的光明还表现在对自我的清晰认知和自信上，孟子强调“彼以其富，我以吾仁；彼以其爵，我以吾义”，意思是你有你的财富，我有我的仁爱，你有你的权位，我有我的道义，我就是一介布衣，又有什么卑贱和低人一等呢？这样的宠辱不惊、不贪权贵也是光明之心的体现。

孟子还有句名言："天下有道，以道殉身；天下无道，以身殉道。"意思是说天下政治清明的时候，就用道义主宰自己去行事；天下政治黑暗的时候，就用生命去捍卫道义。这更是一颗浩浩光明之心的尽情展现。

光明之心与浩然之气并不是一天可以养成的，需要时间的淬炼，需要长久的修为。勿以恶小而为之，勿以善小而不为，事事行得磊落，才能时时保持光明。

《吕氏春秋》中有一篇祁黄羊去私的故事：晋平公有一次问祁黄羊："现在南阳缺一个行政长官，你认为有什么人可以担当此任？"祁黄羊说："我认为解狐这个人可以当此重任。"晋平公十分惊奇："解狐不是你的仇人吗？"祁黄羊回答说："大王你只是问哪一个人可以当此重任，没有问谁是我的仇人。"晋平公赞叹道："好胸襟。"于是任用解狐为南阳令，结果举国上下没有一个不说好的。又过了一段时间，晋平公问祁黄羊："现在国家缺一个校尉，我想问你，有什么人可以担当此任？"

祁黄羊说："我认为祁午这个人可以当此重任。"晋平公大吃一惊："祁午不是你的儿子吗？"祁黄羊说："大王你只是问哪个人可以当此重任，而没有问谁是我的儿子。"晋平公赞叹道："好胸襟。"便任用祁午为校尉，结果举国上下没有一个不说好的。孔子听见这件事后感慨地说："在举荐人才的时候，他对外并不忌讳自己的仇人，对内又不忌讳自己的儿子，祁黄羊真的可以称得上公正无私。"外举不避仇，内举不避子。内心没有戚戚的阴暗之面，充满光明才能任人唯贤。

"阳光布德泽，万物生光辉"，自然界最为光明的就是太阳。阳光普照大地，绝不会因为某棵树长得粗就多照耀一点儿，另一棵树长得矮小就不管它；也不会因为某个人长得漂亮，就多照耀一会儿，另一个人长得丑，就不照了。太阳永远不辞辛劳，公正地把光明洒向人间的各个角落。

当内心充满光明，任他人心中如何阴暗、邪僻也不能损害自己分毫，因为心中没有任何位置留给仇恨和猜忌。

在经营企业的过程中，企业的负责人也需要有太阳一般的心，光明、温暖、公允，不想分别，只想如何布施。无论贫富、贵贱、美丑、智愚之人，都能用平等的、无差别的心去对待，这样每位员工才能充分发挥自身的能力。

如果每个人的心都如同太阳一般光明温热，那世间的凉薄无情便无处遁逃了。

清凉心

清凉之心是宁静之心，是安然、自在、寂灭、如如不动。

独处时心如明镜止水，丝毫不起波澜；仰望天空，一轮圆月浩然当空，清辉晶莹透亮。心中有了这样的境界，眼中有了这样的风景，便是有了清凉心。

人心难得平静清凉，平静是清凉的基础，如果平静都做不到，不可能达到清凉的状态。内心平静，也许并没有喜乐，而内心清凉一定是能生喜乐的。

修禅引导人们正确地面对挫折、失败、残缺、死亡，正确地解读财色名利、人我是非、爱恨情仇，从而慢慢达到平静清凉乃至喜乐生起的境界。

在当今这个有些浮躁趋利的社会中要做一番真正的大事，首先静下心来，心静才能生起智慧，否则心被七情六欲充满，处处都会碰到障碍。

佛教认为人有贪、嗔、痴、慢、疑根本五毒。贪是第一大毒，贪婪之心是洪水、猛兽，一旦开闸、放虎便可以摧毁一切。佛典里有这样一个故事：一次佛陀和弟子阿难外出，佛陀有天眼通，走到一处说："这里埋有毒蛇。"阿难也有神通，看了看说："真有毒蛇。"恰好旁边有一个农民，听到他们如此说十分惊奇，他们走后他就用锄头去挖，竟然挖出十几个金灿灿的罗汉像。他兴奋极了，于是把金子变现，盖房子、买家具。有人看见他一夜暴富心生怀疑，于是前去报官。当时公共的宝藏都要交给国家，农民很快就被抓了起来，在严刑拷打之后，关进了监狱。最后，他在狱中感叹："那里埋的真是毒蛇啊！"

任何东西都是利弊共存的，孔雀展开最漂亮的彩屏时，背后藏的是丑陋的屁股。一个真正的智者往往能看透事物的两面性，继而进行客观、理智的分析，不被眼前的利益冲昏头脑。

六祖慧能说：清净就是出家。倘若时时保持一颗清凉之心，即便在家，也能像出家一样，收获宁静、喜悦。

欢喜心

欢喜即喜乐，欢喜心就是要内心保持喜乐、愉快。

有的人总把快乐建立在外缘上，涨了工资、升了官位、萍水相逢了一个红颜知己，就眉飞色舞、欢天喜地，一旦自己平平淡淡，就觉得生活索然无味，整天愁苦满面。

因物而喜是凡夫心态，无事生乐才是大境界。不以外在的事物作为自己快乐条件的人内心便足够丰富，而那些把快乐建立在外部条件的人，他们的乐趣单薄而脆弱。世事分分秒秒在发生变化，根本无法把握，建立在流沙上的城堡如何能够持久？

知足就能常乐，常乐就能我净。有一颗喜乐之心，就会见花花开，见人人爱；没有喜悦之心，连面容都变得不好看了。有人说女孩子最好的妆容就是她的微笑，其实人人如此，微笑的脸庞生动、漂亮，是一种由内而外散发出来的美丽。

欣赏一个人时，可以发现他身上许多闪光、美丽之处；用挑剔、嫌恶的心去看别人时，会发现平时没有发现的丑。心中有善念，眼中便有鲜花；心中存恶念，眼中只剩怪兽。如果我们用欢喜之心去体会生活中的每一个瞬间，便会获得幸福、自在、解脱。

“四心”其实是相互连贯的：发菩提心便拥有光明心，永葆清凉心才能修炼欢喜心。从四个方面去改造自己的心，即使是一块顽石，长久打磨也可以锻造成无价宝玉。

心是万善之源，亦是万恶之源。心是感应器，有什么样的心，就可以感召什么样的世界，吸引什么样的人，心与心相应，真实不虚。

第六章

如何得自在

任何事都不用害怕，要稳住自己的心，努力将逆境转换为顺境。

第六章　如何得自在

如果你通过阅读这本书获得了一些有益的启示，并不能说明我对佛法的掌握有多么高深，而是你自己的悟性比较好。心灵是学识的接收器，也是情绪的发射器，真心礼佛才能接收佛学的教义与思想，心灵纯粹才能对其有深刻的理解，掌握佛法的精深所在，获得自在与清凉。

佛学经典对心的描述有很多，《金刚经》里说："云何安住，云何降伏其心？"意思是如何让自己的心安住当下，把各种烦恼、妄想降伏住，然后得到自在、快乐。只要将我们的心和眼前的世界进行调伏，达到和谐统一，进入物我不二的境界，这个目标就实现了。当心与身体相和谐、心与环境相和谐、心与宇宙万物相和谐，便会拥有幸福、美好、喜乐的状态。若想身体健康、身心一如、自在解脱，就要学会把心调伏下来。

心沉静下来之后感官的灵敏度会放大，能更加敏锐地感知身体的温度、空气中弥漫的香气、皮肤触摸到的物体、舌尖上的各种滋味……此时六根对接六尘产生六识，六识便是人对世界的认识、理解、分别和抉择。心沉稳了，对万物的认知会更深刻，理解会更清晰。

每个人都有自己向往的极乐世界，心中都有一方净土、一个理想的家园，有这样一个可以为之奋斗的目标是一件幸福的事。释迦牟尼佛发四十八大愿，通过累劫修行成就了阿弥陀佛的极乐世界，假如我们修行的法门跟阿弥陀佛相应，就能到极乐世界去；假如跟他的法门不相应，走得越远越不知所踪。

许多人喜欢养生，有这个想法的人我建议可以学习东方药师佛的“琉璃净土”。琉璃净土是个绝对纯净无染、透彻清静的世界，如果能往生这个净土，所有的烦恼习气、尘劳妄想都会被扫除、净化。

很多人内心都会有烦恼纠结、痛苦不安、难受挂碍的状态，如果久处其中便会生病，改变心境是保持健康的前提。起心动念皆保持善良纯净，心情愉悦了，身体自然康健。

我经常告诫身边的年轻人，要想把事业做得强盛、长久，起心动念就要与天地相应、与世间万物相应，遵循自然规律和法则，与人类、天地、宇宙万物合而为一，事业才可以持久。

儒家奉行“老吾老以及人之老，幼吾幼以及人之幼”，把众生视为平等，对他人的痛苦感同身受、对他人的境遇设身处地，这便是拥有了菩萨的精神和行为。大丈夫往往能先天下之忧而忧，后天下之乐而乐，菩萨更是如此，她上求佛道、下化众生，予乐拔苦、无限慈悲，千处祈求千处应，永远想着众生的苦难。如此，她受到众生的景仰和崇敬便不足为奇了。

一件物品被需要便不会被丢弃，一个人被需要就不会被排斥，一家企业被需要就不会被淘汰。被人需要是一种荣幸，也是一种能力，只有真正为他人着想的人才能时刻受到欢迎。为他人着想不是空喊口号，不能敷衍了事，要由真心散发出来直指人心的力量，带动自己去行善，去为他人做出自己的贡献。

悲人即是悲己，利他即是利己。如果每个人都怀有利他心与慈悲心，那么每个人发出来的力量都会形成一个特殊磁场，从而吸引与自己志趣相投的人，并与之产生同频共振。一个利他的人，身边也定是慈悲利他的朋友，一个自私自利之人，身边的朋友往往是自私自利的人，一个悲观的人也很难吸引到活泼开朗、积极乐观的人。每个人的心都在不断发射并接收信号，信号的频率和所包含的信息完全由自己决定，信号发出，自然会得到回应。

消沉与快乐、病弱与健康往往与情绪相关，一念成佛、一念成魔，情绪高昂便体魄强健，情绪低落便灾病相缠。

转换思维、放下执念，学会包容、退让，不计较得失，不在乎成败，有了这样的开阔心态才能所获至丰、事无不成。水流向低处，从不争锋，却至柔而至坚，能贯穿石头、能熄灭火焰。狭路相逢时互不相让只能两败俱伤，若是两人都退后一步，把空间留出来，便成了两全其美。

一念之间的差别会造成巨大的差距，转换自己的念头，便能随之转换一种心情，转换一种境遇。

生活中遇到的烦恼正是转换的契机，烦恼即菩提，没有烦恼就没有菩提，烦恼往往是成就自己的机会。如果被人批评、指责就努力把工作做得更好，化压力为动力、化缺陷为优势，抱着这样的心态还有什么学不会、做不好？从一个被讨厌、被嫌弃的角色变成被羡慕、被崇拜的对象，这是一种精彩的转换。

很多官员被拉下马后追悔莫及，有这个唉声叹气的时间倒不如好好反思一下自己，思考今后的路应该怎么走，怎样利用自己余下的生命去为国家、社会做点贡献。

如果能将牢狱生活转换成有益的福报，于人于己都是好事。

懂得了转换之法，人生便没有过不去的坎，烦恼可以转成菩提，痴迷可以转成省悟，凡夫可以转成圣人，失败可以转成成功……这种转化带来的美，就像又臭又脏的淤泥里长出了鲜艳的荷花。实际上学佛的过程就是在转换，养生也是转换，转换现在不良的生活习气和习惯就获得了健康，转换消极的思想就有了上进的动力。

医生说我身上有肝癌的抗体，一生不会得肝癌，可我从来没有打过疫苗。他说有人就有这种身体机能，得过肝炎后来好了，所以产生了抗体，或者从父母那里继承了抗肝癌病毒的基因。

祸兮福之所伏，得病康复后也许就产生了抗体，那么生病的时候便不必害怕，病痛是对身体的考验，经受住考验就会更加健康。有的人就是这样，小病不断却很长寿；有的人身体一直硬朗健康，却会因一场大病就失掉了性命。身体经过磨炼产生了抗体就是一种有效的转换。

害怕疾病只会加重病情，癌症患者病症比预期发展快往往源于内心的畏惧，原本医生说可以活半年，结果三个月就去世了。坦然面对一切，人生没有什么好怕的，哪怕明天就要面临死亡，今天也要好好地活着，安住当下、放平心态，事情很有可能就会出现意想不到的转机。

任何事都不用害怕，要稳住自己的心，努力将逆境转换为顺境。修行就是在不断地修正自己、转换自己。他人的辱骂、伤害不去计较，借他的恶成就自己的善良、宽容、慈悲、清净、智慧。曾经有个居士问我，如果晚上睡觉，身边的人却一直打呼噜，让人烦躁不安，怎么办？我说此时可以念阿弥陀佛，他打一次呼噜，你就念一句，打两次就念两句，念着念着，慢慢就睡着了；如果你心里充满了厌烦和嗔恨，失去平静，一夜未眠，第二天自己成了熊猫眼，头昏脑胀，他却精神焕发、心满意足，何苦来哉？

药师佛的清静琉璃世界纤尘不染，极致清洁、通透、美好，那里生活的人有着婴儿的皮肤、眼神，言行、举止都未经世俗浸染，呈现出一种琉璃般干净、晶莹的状态。清净的人与干净的环境相应，这叫“依报随着正报转”。我们的身体和心灵也是依报和正报的关系，心如果清净无染，身体就不会出现疾病。

释迦牟尼佛有个本身佛叫清净法身毗卢遮那佛，洛阳龙门石窟中最大最漂亮的那个形象便是，有着婴儿的眉眼、笑容和神情。有次我忍不住问雕刻佛像的师父：“为什么清净法身佛是这样的造型？”他回答说：“这一形态表现的是佛最初本具的清净状态。”

修行也是要不断回归到婴儿状态，如同老子说的“复归于婴儿”。有些老年人就具有婴儿一样可爱的笑容，虽然牙齿掉光，却是鹤发童颜，十分慈祥、宁静、喜乐、自在，一眼就能看出修行的状态和境界。而有的人一眼就能看出没有修行：面目狰狞、一脸横肉、气息粗暴、眼神冷酷，与人相处往往会因为一言不合就拍桌子瞪眼睛，凶狠又强悍。

几乎所有的宗教文化中都有对天堂与地狱的描述，行善之人便可进天堂，作恶之人就会下地狱。其实天堂和地狱的界定反映了宗教中的善恶观，也符合生活中的规律。轻盈、柔软的东西往往在上或往上升，坚硬、沉重的东西往往在下或向下沉，白云与石块便是这样。一个人内心清净、喜乐、慈悲、自在、轻安，他的人生状态、境界自然是往上升的，对应佛教理念便是要上天堂；一个人内心充满了嗔恨、愤怒、纠结、抱怨等负面情绪，心中的污浊慢慢将他向下拽，在佛法看来就会下地狱。其实天堂和地狱都是自己造成的，人的内心状态决定了身体所在的位置。

何谓佛教？很多人把佛教误解、神话了，认为可以通过烧香、拜佛等行为获得菩萨、佛祖的帮助和恩赐。其实佛教就是佛陀的教育，教我们诸恶不做，众善奉行，自净其意。六祖慧能讲过一句话："佛法在世间，不离世间觉，离世觅菩提，宛如寻兔角。”就是说我们只能在这个世间寻找觉悟的答案，离开这个世间去寻找，宛如在兔子头上找角一样荒谬滑稽、渺不可及。

佛教里面蕴藏着最究竟的智慧，这些智慧可以带给人快乐、幸福，让我们的内心变得轻盈、自在，没有烦恼和悲苦。而这些智慧又都来自平凡的生活中，用心观察便随处可见。比如，高山之巅往往是光秃秃的，没法生长大树；那些低矮的地方，如盆地、山谷、平原，总是绿草如茵、树木参天。我们熟知的珠穆朗玛峰高耸入云却无人居住；上海地势低洼，处在长江的入海口却形成了国际大都市，拥有几千万人口。土层薄的地方长不出大树，做人的道理与自然相通，“水至清则无鱼、人至察则无徒”，一个太过精明、总把算盘打得滴滴转的人身边留不住朋友，刻薄寡恩的人不会有大成就。

人与世间万物一样都受自然规律的支配，生命犹如四季轮转，春天生发、夏天成长、秋天收获、冬天储藏。

我们身体的变化也如同四季的运行，人人都有生老病死，是否每个人都能够生如夏花之绚烂，死如秋叶之静美？青年时做了什么？中年时做了什么？老年时要做什么？每一时期有没有遵循规律去善待自己的生命、开发自己的人生？这些都是每个人需要认真思考的问题。

我经常在讲课或者作品中提及一个词——“无我”，“无我”是修行的关键。自私是万恶之源，心中有“我”便是自私，眼界、思维、心胸都会受到局限。

一个凡夫从发起菩提心一直到成佛，中间需要经过三大阿僧祇劫时间。第一大阿僧祇劫是最难的，不断反复、退转；第二大阿僧祇劫开始，就可以不断上行。二者的区别在哪里？前面是有我修行，后面是无我修行，当“我”被破除之后修行便能不断上行。比如一个家庭，如果家庭里的每位成员都想着自己的利益得失，认为我今天煮了饭，你就要洗碗，我拖了地板，你就要负责洗衣服，倘若别人没有按照自己要求的去做就觉得不爽、不公平，于是产生抱怨、计较、愤怒的情绪。这样的情绪积累得多了，成员之间就会产生矛盾、隔阂，甚至争吵。大凡以自我为中心的人，在帮助别人时往往将好心当作交换的筹码，帮别人做事要从中换取利益。当一个人有交换思想的时候，就有了欺诈，所以佛教讲布施的最高境界为三轮体空，无我、无你、无物，要进行不着相的布施。只有将我、你、物都放下，才会没有期求，没有期求就没有失落，如此布施才能心平气和、心无杂念。

学习佛法的目的是把我见、我爱、我痴去掉，这也是每个人修行的开始。《心经》中第一句话就是“观自在菩萨”，这里最重要的一个词是“观”，是观照的意思。怎么观照？认识自己、转换自己、超越自己。我们寺院这几年一直坚持开禅修班，禅修者从全国各地来到香海禅寺，实际上，他们不远千里来到这里静心修习，就是为了训练自我的观照能力。

没有谁的一生会一帆风顺，每个人都有自己的烦恼，比尔·盖茨也会碰到难题，重点在于遇到问题后怎样看待、怎样解决。有智慧的人会时时观照自己、反思自己，面对困难就努力去解决、放下、转化。

观空便能放下。“空”并不是一个虚无缥缈的抽象概念，比如我们要建一所房子，需要经过设计、建造、装修等过程，而这过程中还需要水泥、钢筋、砖、土等材料的配备组合，只有这样，一所房子才能建成。这些过程和条件便叫因缘和合，因缘具备的时候房子才能盖起来。但是这些因缘都是无常的，并不能永恒，会随着时间的流逝而变得苍老陈旧，最后也许会化为灰尘，于是曾经的因缘就散灭了。世上的所有事物无不处于成住坏空的过程中，家庭、事业、财产、名望全都如此，全都遵循着这样一个规律，它们的本质都是“空”，佛法上叫缘起性空。

人要有一双透过现象看到本质的慧眼，不过做到这一点很不容易。因此我们要学会时刻地观照自己、体察万物。今天很富有，不会为之骄傲；今天很贫穷，也不会为之自卑；位高权重，不会忘乎所以；身份卑微，不会自惭形秽。万事皆空，一切都会很快过去，什么也留不住。

观照是观照自己，而不是睁大眼睛去看别人、竖着耳朵留意他人的动静。他人与自己没有关系，佛法告诫我们要向内求，向外找没有佛法，那是外道。外道是不究竟之法，属于缘木求鱼，得不到真正的解脱。

什么是真正的解脱？是身心的清净、安乐。前文中提到“如何降伏其心”，讲到养生，就是在讲心灵与身体的关系，以及二者的协调、清宁。降伏其心的方法是“转换”，转换的关键是“无我”，以无我和空性为基础去观照一切。而养生则要从心开始，因为身心一体、身心不二，把心修好了，身体自然会健康、长寿。

第七章

从一粒沙石到一颗珍珠

越胆怯，困境就越多，平静地接受困难、克服困难。

佛教给人的感觉也许很高深神秘，寺院古刹隐藏在深山老林之中，僧侣们念经、敲钟，不食人间烟火，跟现代生活似乎没有任何交集。然而，佛学教义并非空谈，其目的是指导现实人生，随着时代的进步，佛学理念与生活的贴合也在慢慢发生变化，越来越紧密。

比如，有人认为佛教文化与企业管理风马牛不相及，但是二者之间的确存在诸多共通之处。佛学的博大精深，可以给现代企业文化以滋养、补充、指导和提升。企业文化，简单地说就是人的文化，佛教文化也是关于人的文化，二者不过是一个入世，一个出世。所以，在以人为本的前提下，完全可以实现某种对接和相融。

佛教的思想可以给人帮助，成就心的改变。心灵攀上山巅，站在一个全新的高度和视角俯瞰来时之路和前行目标，人生道路的线索与自身的行进足迹会愈加清晰，境遇会因此变得不一样。

佛法讲“万法唯心”“以心转境”“正依不二”，就是指我们的心与世界有着绝对的隶从关系，并非心隶从于世界，而是世界隶从于我们的心。世界的美好、丑恶，最终取决于内心的解读，心是光明的，世界就是敞亮的；心是痛苦的，世界就是扭曲的。只看到这个世界局限、阴暗、不如意的一面，就说明心有残缺，有黑暗，有障碍。

因此，经营企业的过程中需要把思维从原来的局限中解脱出来，不断打破困境，让心的疆域进行一次次新的开拓。禅修在这个过程中有着重要的作用，它可以让心沉淀下来、安静下来，提高人的觉性，然后发现自己的问题并加以解决。

佛教的修行有八个方向，俗称“八正道”，即正念、正语、正业、正命、正精进、正见、正思维，正定。这八种“正”是八种正确的道路，符合所有的“正”，人生便会前景开阔，道路也会畅通无阻；如果违反，只能举步维艰，步步涉险。

在八正道中，正念是最基本也是最重要的。正念是什么？正即正直的、向善的、好的、积极的，与邪对立；念就是我们常说的念头。我们做人也好，做事也罢，都要有正确的念头，如果念头错了，出发点就错了，那么所有的努力就白费了。

念头能展现身、口、意三个方面的状态，通俗来讲就是通过眼神、举止、言语就能表现出来。孟子说：“胸中正，则眸子瞭焉；胸中不正，则眸子眊焉。”眼睛是心灵的窗户，最能体现人的意念。念头正，处事言谈就会磊落，目光也光明正大；念头邪，便会遮遮掩掩、闪烁其词，眼神也躲躲闪闪。

意念端正，便一身正气，也容易获得他人的信任和支持，故而修自己的念头很重要。佛教里面有个很厉害的戒律叫菩萨戒，它不是具体行为的戒律，而是念头的戒律。起心动念只要是邪恶的，即使还没做什么，也犯了戒。比如夏天的街上，年轻貌美的女子穿着比较暴露，如果有人看到她们光滑修长的腿而想到关于肉体和性方面的内容，即使这是自然本能的反应，在佛教看来，也已经犯了严重的戒。修菩萨戒的人，即使见到一个裸体的美女，也和见到一块砖头没什么区别，心里没任何反应，这便是最高超的境界了。当然，菩萨戒是比较“高级”的戒律，要修过沙弥戒和比丘戒之后才能开始。

如果邪念一来，马上察觉自己犯戒了，立刻将思绪拉回正路，这就是正念。正念产生后不游离，那么就不会犯错，亦不会造业。一个团体没有邪念，每个人都心底无私、一心为公，就会充满浩然之气，充满正能量，这样的团队才容易成功，容易创造奇迹。

有的人认为旁门左道是终南捷径，不知道邪念实施花费的成本、要付出的代价更高、更惨烈。古往今来用不正当手段谋取利益的人最后下场都很惨，没有一个不失败的。种的是恶因，怎么可能得善果？因果报应并不像种庄稼，可以现种现收，其实即便是种庄稼也至少需要一季的时间，果报成熟要几年甚至几十年也是正常的。就像老人家经常说的："善有善报，恶有恶报，不是不报，时候未到。"万法皆空，因果不空，因缘果报是宇宙的自然规律，任何人都无法撼动。

依靠正念做事，总会有回报和收获。历史的经验教训多次证明了这个道理，"得道者多助，失道者寡助"，无论是朝代的更迭还是个人的得失均是如此。中国共产党与国民党的对比亦是这样，二者截然不同的发展轨迹充分证明了“得众则得国，失众则失国”的道理。

所以，我经常对企业家朋友们讲，经营企业就是经营我们内心的正念。要将正念融入企业文化之中，并非在墙上糊弄几个宣传栏、贴几张标语就够了。真正的企业文化来自经营者的理念，来自企业的责任和使命。上行下效，经营者的价值观念、经营心态不断辐射到企业每一位员工心中，自然就形成了积极正义的企业文化。经营者的正念不消失，企业的船舶才不会迷失方向。任何时代、任何经济环境下，只有诚信、合法、利他的经营才能带来长足发展，不择手段牟取利益只会让企业迅速垮塌。

当然，正念不是那么容易修的。人最难管住的便是自己时时刻刻都在升起的念头，如何调伏这些念头，使它永归正途，是我们一生都要面临的功课，这在佛教中就叫修行。修行是出家人的一种生活常态，但是修行不仅限于出家人，生活中每一个想要成长和改变的人，都需要修行，并且要进行长久地坚持。

禅修最关键的在于观照自己，如同每天早晨起来要照镜子一样，时时觉察自己、改正自己。“习惯决定性格，性格决定命运”，真正的修行就是在改变自己的命运。正如凤凰佛学网推出的一日禅所讲的：“积德虽无人见，行善自有天知。人为善，福虽未至，祸已远离；人为恶，祸虽未至，福已远离；行善之人，如春园之草，不见其长，日有所增。作恶之人，如磨刀之石，不见其损，日有所亏。福祸无门总在心，作恶之可怕，不在被人发现，而在于自己知道；行善之可嘉，不在别人夸赞，而在于自己安详。”君子在造命，小人也在造命，不过君子造的是善命，小人造的是恶命。善恶的发端不同，果报也有着天壤之别。

君子行善，基于坦荡的胸怀；小人作恶，源于戚戚的本性。佛学中所讲的“心包太虚，量周沙界”便是一种无量无边的开阔胸襟，如同“海纳百川，有容乃大”，君子的胸怀承载着他的品格，品格涤荡着心灵，心灵怀揣着善念，善念带来无尽的善果。

心胸开阔，万事就都可以包容，甚至可以融化。看别人不顺眼，是自己修养不够，人际关系如此，企业管理亦是如此。很多人认为我是个出家师父，没有经营过企业、管理过企业，然而我是寺院的住持，寺院又何尝不是一个企业？我同样也在做管理，而且在管理的过程中亦会碰到很多问题。有段时间，有几个刺头时常给寺院找各种麻烦，有人投诉也有人建议，要把刺头赶走。我没有同意，因为如果把这样的刺头当敌人，想尽办法赶出视线之外，事实上只会事与愿违，会发现看着不顺眼的人越来越多，会不断有新的人来找麻烦，也许今天没有了，说不定明天又来一个，就算这里没有，别的地方也可能碰上。我们唯一能做的，只有接纳，用包容之心去帮助他改变其缺点，用善念去感化他的恶念。如果把生活中、工作上遇到的困难都当作修炼，慢慢就会心胸开阔、境界高深，眼中见不到烦恼，不把挑毛病、找麻烦的人看作自己的负担，用更加和平的心态去处理问题，用更加包容的心态与每个人相处。

当然，人与人最大的不同就是思维方式的不同，当你想着包容接纳的时候，别人不一定也这样想。同样是工作，有人是为了养家糊口，有人是为了在朋友中有面子，有人是为了实现个人价值，不同的出发点会有不同的发展空间。

但是如果人人都修行，都用佛学的思想来转变自己、观照自己，那么，每个人的心都会被慢慢打开，就会试着去面对、接纳、包容、转化让我们苦恼的一切人、事、物。就拿我自己来说，我以前是教书的，不懂管理，到了香海禅寺以后，百废待兴，问题就像一堆堆麻线一样，又多又乱。在我之前也有别的师父尝试过管理，但是都没有留下来。而我没有选择逃避，想尽办法面对问题、解决问题。经过一段时间的磨合，我发现最初那种浮躁的心态慢慢消失了，看待问题也更加客观公允，在这整个的过程中，我开阔了自己的心胸，得到了成长，收获了平静和喜悦。

经过多番磨炼，我总结出来一条属于自己的人生经验：千万不要害怕。著名的墨菲定律中有这样的一条：如果你担心某种情况发生，那么它就很有可能发生。这也就是人们常说的“怕什么就会来什么”，越胆怯，困境就越多，逃避永远无法成长，平静地接受困难、克服困难，才有机会历练成长。我见过一个管理者，他很奇怪，他希望企业能聚集很多得力的人，但是如果员工在才智方面超过他，他又会觉得很没面子，于是故意给他们出难题。其实这完全没有必要，个人的智慧是有限的，总有技不如人的时候，让那些比自己更有智慧的人为己所用，才是真正的大智慧，才能成为真正卓越的领导者。正如晚清豪商胡雪岩说的："一个人最大的本事，就是用人的本事。"而历史长河中，像汉高祖刘邦、唐太宗李世民、明太祖朱元璋等，大凡有所作为的明君都懂得如何用人，无不想把天下才学之士都网罗麾下。越是成就大事业的人越有大胸襟，席卷天下、包举宇内，各种各样优秀人才汇聚麾下，鞍前马后、共创伟业。大海因为懂得容纳，才可以承载无数船只，不要嫉妒手下的人比自己优秀，他的优秀会给你带来更多的机遇，为你创造更多的价值。

心胸开阔、目光高远、思维卓绝，是成功者的共同品质，也是他们无可取代的原因。当一个人足够优秀的时候，就如一颗明珠放在沙子里，一眼就能看到。当然，想要使一粒沙子成为珍珠，必定要一个长期的修行过程。人人想修行，但是能真正把修行贯彻到生活中并且坚持不懈的人却少之又少，这也是成功只属于少数人的原因。就拿创业来说，在当下这个创业的大时代，人人都想创业当老板，当企业家，却不见得人人都能成功。据统计，中国每天都有上万家企业倒闭，这是一个什么样的概念？难道他们真的都到了破产关门的境地了吗？其实不然。中国有句古话叫“行百里者半九十”。很多事在离成功最近的时候，往往是最难的，同样，如果面临着最为艰难的时刻，成功往往就在不远处。但是最后几步要走完，需要有强大的精神和意念，很多人不愿坚持，轻易地主动地放弃了成功的机会。

修行的另一个内容是修精神的强大性。《四十二章经》中把修行比喻成攻城拔寨，像是在万军阵中取上将首级一样困难重重，如果不被乱箭射死，就可以凯旋。

精神的强大，还表现在面对财、色、名、食、睡各种诱惑之时能够从容应对，不动心、不贪恋。内心有足够的定力，就能坚持本心不被动摇，不会在浮华的世界里迷失自我。

大家都熟悉玄奘法师的经历，他到西天取经，路上历经千难万险的层层考验。有一次被几个异族人捉住，把他洗干净捆起来，准备挖出心祭祀上天。玄奘此时仍然很平静，对异族人提出了唯一的要求，说自己想念一念《心经》，不然心跳得厉害，这样的心祭祀上天也没有用。异族人答应了，结果他念完《心经》就狂风大作，飞沙走石，那些原本要挖他心的人吓得惊慌失措，纷纷扔下刀子，跪拜在地，最后送他很多物资让他继续上路。还有一次，他经过一个国家，被公主相中，国家的第一美女也看上了他。一个有极致之权，一个有极致之貌，都倾尽所能劝他留下来，但是玄奘没有动心，依然坚持到天竺去求取佛经。虽然这些故事可能是后世弟子整理时杜撰出来的，但是故事本身却能够说明心定的重要性，不要慌也不要急，更不要被外界所诱惑，稳住自己的心，才能将自己的事业坚持到底。

财色名利的诱惑、刀剑风霜的威胁，玄奘都经历过了。他一步步走，一层层突破，最终完成了取经的宏愿。有了坚定的意志和锲而不舍的精神，便没有什么可以阻挡一个人的脚步。

日本著名企业家稻盛和夫一生创办了两家世界500强企业，在他78岁高龄之际还受日本首相之托，接手日航，只用了一年时间便使濒临绝望的日航转亏为盈。他无疑是有大智大德的人，然而稻盛和夫的智慧有很大一部分是从佛教中吸收的。他一直在修习佛法，尤其是在60岁的时候，放下荣辱名利去寺庙出家三年，专注参悟佛法要义。在佛学中参悟而得的放下、舍得、慈悲等智慧为他的经营之道提供了不可估量的帮助。

这并不是在规劝大家出家，但是每一个人都需要有一颗出家的心。何谓出家之心呢？心保持空、静、净。就是看破世间财色名利，人我是非，从而能站在宇宙的制高点来看待世间万物，达到不以物喜、不以己悲、不执着、纯净无染的超脱、自在状态。

这种状态也就是佛学中“空”的境界。“空”是般若实相，是如来，又叫无为。不同的人，从不同的角度，用不同的思维，给出不一样的观点和建议，如果我们都能虚怀若谷地一一接受，且能融会贯通，这就是空。“嗜欲深则天机浅，物欲少则心智明”，如果想成为一个成功的企业管理者，思想就要从有限走向无限、从执着走向不执着，打破那些条条框框，把贪婪、欲望都放下，让自己达到“空”的状态。如果心不够空，各种欲望就会蒙蔽双眼和清明的心性，本有的智慧和能量发挥不出来，就无法成就大业，更不可能进入自在、超脱的大境界。

在佛教中，释迦牟尼被称为“本师”，教徒称为“佛弟子”，佛陀即觉者，佛陀所讲的是觉醒者之言，用以度未觉醒之人，传播的是大智慧。再看释迦牟尼佛的出身，他本来贵为王子，本应继承王位，拥有至高无上的权力，可以享受人间最大的福报，他却偏偏不要，抛弃荣华、富贵、王位、娇妻出家。他为什么选择过苦行僧的生活？答案很简单，释迦牟尼是最清醒之人，也是最空性之人，他在拥有这些东西的时候，便懂得世间一切如同过眼烟云，对人生怀有这样超脱的认识，放下时也就没有不舍与留恋了。

现在有一少部分人出家的心念并不正，不是为了追求智慧和了悟，而是为了逃避现实，单纯寻求一种心灵的寄托或麻醉，甚至极个别的干脆就是在寺院混碗饭吃。动机没有脱离世俗的干扰，即使成为佛教徒也难沉静下来，就无法理解佛学的真正智慧。

很多人羡慕僧人，因为他们给人的印象总是气定神闲。其实不必羡慕，人人都可以做到，只要每天念经、打坐、冥想，整个人自然就沉静下来了。打坐是帮助人们进入安静、虚无状态最有效的方法。打坐不仅可以提高定力，提高自我觉知能力，而且对身体十分有益，心境平和了气血就会通畅，身体的肌理也会随之发生变化。

学习佛法一定不能着相，并非进了寺院、剃了头发就是出家人，修行也并非只有出家了才能进行。只要有一颗修行之心，出不出家并没有区别，时时处处都能够修行，都可以参悟佛法中无量无边的智慧。只要坚持打坐、冥想，哪怕每天抽出二十分钟时间，日久天长，受益自来。

现在流行一种生活方式，叫“乐活”，是一种“健康、快乐、环保、可持续”的生活理念。这一理念顺应了社会发展趋势，其生活方式早已流行于欧美发达国家，中国虽然起步较晚，但还是有很多人追捧。“乐活”的主张共包括十二点：完善自我、阳光生活、自由创造、强健身体、绿色饮食、简约消费、快乐平和、善待他人、亲近自然、保护环境、热心公益、主动分享。这些主张与佛学教义十分相合，无论是出家弟子还是在家修行的居士，甚至认同佛学教义的普通人都可以成为乐活族。因为心性清净，放下执着贪念，时常打坐、冥想，心存善念，自然会收获健康和快乐。

第八章

种一颗菩提种子在心田里

做任何事情都是在修行，要全身心投入才能得到相应的回报。

第八章　种一颗菩提种子在心田里

能够与佛法结缘是因为我们有这样的福田，若想田里不长草就要种上庄稼，勤于耕耘，心中的福田才不会荒芜凄冷。

每一个佛弟子一生所追求的就是上求佛道、下化众生、中济其心。怀着菩提之心做事才能形成善业，与菩提心相违背便会沦为恶业。从这个角度讲，人与六道一切众生其实只有一条路可走——成佛，其他一切道路无不是业、无不是罪、无不是漏、无不是饮鸩止渴。

若心与菩提相应，内心便会充满清凉、喜悦、光明，烦恼会自然消失，留下的只有平静。

如果这本书能够带给你巨大的变化，这便是我的福田，也是你的福田。每个人的福田薄厚不同，与佛法的渊源也深浅不一。福德太薄，即使听了高深的佛法也难以领悟，就像一颗上好的种子撒在贫瘠的乱石堆中，很难发芽。缺少福报，就要抓紧机会培植福报，一点一滴积累，不能心生抱怨。抱怨是魔，接受是佛；迷是凡夫，悟是圣者。其实佛与众生的区别仅在迷悟之间，好比水结成冰，冰的本质也是水，只是天气寒冷，才结成了冰，佛正是经历了极酷的严寒考验，才与众生有了本质的区别。

念佛的时候全身充盈着宁静的喜乐，这种状态下的人就是一尊放射无限光明的佛子，佛子即未来佛。当我们发菩提心的时候，内心会种下一颗种子，种子有着无限强大的力量。实验证明，一颗小小的芝麻种子，可以把重达千斤的石板钻透，只要有足够的助缘，水、阳光、空气和土壤，谁也阻止不了芝麻开花节节高，我们的菩提心种子亦复如是。烦恼多、业障重也不必害怕，只要学会转换就行，转烦恼为菩提，把种子种到烦恼丛生的泥土中，让其生根发芽，长出茂密的枝叶，开出芬芳的花朵，再结出的果实，自然就远离了烦恼。

修行的目的便是要在心田里种下这样一颗种子。种子种下去了自然要吸收养分、成长壮大，结下新的种子播撒到身边无穷无尽的众生心田里面。如果自己的修行能够影响别人，便迈上了无上正等正觉的佛道。

佛即众生，与我们并无二致；众生即佛，每个人都佛性具足，如今的修行只是走了一段回程路而已。因此，学佛不是为了追求企业的兴隆，不是为了消除身上的病痛，不是为了让孩子能考上好的大学，也不是为了买豪车、豪宅，在人前风光显贵，而是为了回归自身原本就佛性具足的状态。

成就佛道的最大力量来自内心，外部的力量最多只是助缘。就像现在你在阅读的这本书不过是我个人感悟给你的度引，最终有怎样的收获取决于你自己的精进程度。

一个人的思想是行为的发端，连锁的行为形成了生命的轨迹，追根溯源，人的起心动念是人生发展的原点。学会时刻观照自己的心，让行为保持正精进，掌控了自己的心便能够掌控自己的未来和生命。

修行即修心，如果内心是喜乐的，就能跟天地大道相应，跟佛菩萨相应，跟西方极乐净土相应，跟宇宙“正向”磁场相应。此时便不必再担心堕入三恶道，因为内心清凉的人与三恶道的磁场不相合。同理，一个内心被贪嗔痴等污浊习气熏染的人，磁场与善也会相互排斥。

内心有嗔恨，就是在种地狱的种子；内心有贪婪，就是在种饿鬼的种子。这些种子在生根发芽时要及时掐灭，否则“既已为铁，不复为矿”，想把长成的果子还原到种子未萌芽状态，佛陀来了也无济于事。菩萨的智慧就在于“畏因”，而众生的愚痴在于“畏果”。畏因是正修行，是先知先觉；畏果是亡羊补牢，是后知后觉。

电视剧《西游记》中有一段悟空、八戒偷人参果的戏拍得特别好，当人参果从树上掉下来时要用特殊的容器接收，以免落入土中。而我想借此问众位修行者们，当真正的“人参果”落下来时我们是否准备好了接收它的容器？其实这容器就是我们的心，安住自己的心才能有容乃大。安住自己的心并不是一件容易的事，世间的人、事、物带给我们极大的诱惑，单单是玩手机都会成瘾，很多人吃饭的时候都在玩手机，工作的时候也时不时看一下手机，变成了手机控。如果我们能成为佛控、菩萨控，或清净控、喜乐控、自在控该多好。闲话少说、眼睛少看，守住自己的六根、勿向外驰，这样才能收获清净、喜乐的人生。

做任何事情其实都是在修行，要全身心投入才能得到相应的丰厚回报。一个人专心致志、心无旁骛的时候往往能够创造奇迹，投入三分就有三分的收获，投入十分就有十分的收获，投入百分就有百分的收获。所有的付出与收获都取决于自己，别人无法代替。佛法的智慧就体现在这里，倘若佛、菩萨只要说一句话或者施展神通，无量的众生就都得度了，我们何必还要辛辛苦苦去累劫修行呢?

当然，也有很多人对佛法反感、不理解。也许你并不想学习佛法，对我的书也不感兴趣，无奈朋友、家人极力推荐，不好推却才勉强翻阅。不要抱怨亲友给你增添负担，你应该感激他们，他们是你的善知识，是带你成就佛法的因缘。你现在不需要不代表以后不需要，某一天你真正因为佛法受益的时候，就会心怀感谢了。

《法华经》里有这样一个小故事：一个贫穷的小伙子到他富有的亲戚家去做客，那个亲戚在他的衣角里缝了一颗价值连城的宝珠，后来他出去转了很多年，回来还是一贫如洗、困顿落魄。他的亲戚很不理解，便问他宝珠的事情，等他把衣服打开后才发现宝珠仍在里面。有机会接触佛法其实就是拿到了一颗宝珠，它可以帮助自己改变境遇和命运。但最关键的是要懂得如何利用这颗宝珠的价值，如果它派不上用场，只能是竹篮打水一场空了。

修行也是如此。很多人看似在修行，却没有做出任何改变。修行的过程中要恒守以下“四心”，只有四心备齐才能修得正果。

菩提心

修行的最终目的是追求生命究竟圆满的无漏大果，趋向终极解脱之道,想达到这些,首先要发无上菩提之心。我们只有不断地自我修行、增加自己的能量，才可能在成就自己的同时去度化别人。

“阿弥陀佛”是所有十方三世一切诸佛的总称，也是一尊佛的称呼，念一声阿弥陀佛，就和尽虚空遍法界的一切佛相应,更和西方极乐世界的教主阿弥陀佛相应。有这样强大的外援，修行的能量便随之增加。念佛的时候需要内心充满清净、喜乐，只有这种正能量才与佛菩萨相应，这时候一声相应一声佛，声声相应声声佛，是心作佛，是心是佛。

有人将念佛的目的定为追求往生西方极乐世界，可是为何不追求此时此刻的极乐净土呢?《华严经》里讲“心净则国土净”，心净了，当下就是净土，当下就可以转换，不必等到往生、以后。

佛不外求，只在方寸之间，心外求法是魔。何必总是希望别人来给我们开光、灌顶，为什么不自己给自己开光、灌顶呢?即使别人给自己一件东西戴在身上起了作用，那也是内心对这个东西认可，有百分之一的认可就只有百分之一的作用，有百分之百的认可就有百分之百的作用。东西本身未必有多大作用，真正能起最大作用的是自己的心。

众生即佛，我们对佛礼拜的时候实际上是在礼拜自己。念佛的时候可以植入一种观想，观想自己是一尊观音菩萨，或者是一尊阿弥陀佛，也可以观想自己是一道光、一朵绽放的莲花。观音菩萨相貌庄严、无限慈悲、声音柔软、耐心十足、智慧具足、循声救苦，千处祈求千处应。当我们符合这样的状态，自己就是观音菩萨，打坐念佛之时也会功德无量。

人生的道路上有两种缘分：一种是逆缘，一种是顺缘。炎热的夏天，旁边一个人拿扇子给你送来清凉之风，这是顺缘。坐在毒辣的太阳底下，没有电扇、没有风，也没有人给你扇扇子，热得汗流浃背，说不定还有人提来一炉火烤着你，这是逆缘。逆缘让人难受，往往被人排斥，但是真正的逆缘会让人蜕变，得到快速成长。修行应该体现在生活的每一个细节中，体现在每一个困境与逆缘中，度过便离佛更近一步，放弃便再次回到了起点。

佛学并非虚无缥缈的大道理，它适应生活中的每一个细节。如果一天到晚“笃笃笃”敲着木鱼、口里念着阿弥陀佛，饭也不做了、衣服也不洗了、孩子的作业也不辅导了，把全家搞得鸡犬不宁，这不是学佛，是走火入魔。修行并非刻板、呆板的，而是积极向上的，甚至能够使人脱胎换骨。比如，以前不洗衣服，现在洗衣服了；以前不煮饭，现在煮饭了；以前爱生气，现在不生气了。你的伴侣、孩子、父母都是你的众生，你的变化让他们对佛学产生了好感和兴趣，这样你便成了菩萨，而你的菩提之心也会成功度化他们。

要把佛学的思想、菩提之心贯彻到生活的每一个细节里面，从为人处世、接人待物着手，对境练心、淬炼自己的心性。净土世界不仅在佛学经典、西方极乐世界中，更在生活中、在此时此地的当下。想要把当下变成人间净土，变成弘扬佛法的道场，就要心怀菩提，自立立人、自达达人，身教无言，起到表率作用，用自己的行为去教化他人、感染他人。

佛法是智慧与慈悲的双运（运即运转、运用）。有了智慧和慈悲，就要正确地运用它。智慧、慈悲二者不可偏废，两个轮子只要缺少一个，这辆大乘之车就无法正常行驶。有时一味地忍让并不能做好事情，还要用智慧去引导。观音菩萨有千手千眼是为了无穷无尽地善巧方便，可以契时入机、随方就圆地度化众生。这叫事无碍、理无碍，理事无碍则事事无碍。心怀菩提，也要学习观音菩萨因人而异的度化方式。

佛法的修行在于我们自己的参悟，有时通过一句佛号，我们就可以了解到自然万法。万法归一、一摄万法，关键是参透。魏晋南北朝时期，许多佛门大家都受慧远大师的影响学习净土法门，净土法门在佛教里是最简单的一种，只要一心念佛就行。念到一心不乱、身心合一、物我两忘的时候就进入了念佛三昧的境界，此时心便可以通达一切、无所挂碍。

每个人的修行都可以影响到无量众生，发起菩提心，与“道”接通，宇宙能量便会源源不断流转到自己的身边。此时便可称作“大心凡夫”，尽管还是一个凡人，但是心已经成为了广济群生的菩萨大心，与天地宇宙、与佛陀菩萨对接上了。

般若心

佛法之双运，来自慈悲，来自智慧。般若是智慧，智慧不一定是般若。般若是以出世间的思维来观照世间，从而得到用于世间的大智慧。如果真要相比较，般若智慧是比慈悲更重要的东西，一个人如果没有智慧便如同一个盲人，不辨路途，也许走了半天还在原地打转。

一切事物的存在无不有其自身规律，家庭的幸福、事业的成功、树木的生长，等等，找到了这种定律就是找到了智慧。智慧是人生的导航，有了智慧就能更优裕、优游地存在于天地之间，随心所欲而不逾矩。没有智慧指引的人生像在黑暗中摸索，即使外面是青天白日、阳光普照，内心的世界也像是被泼了墨。般若智慧让我们对宇宙万类的洞察更加明澈，能够超越感官的局限。多学习般若究竟的法门，多了解古来大德走过的道路，在善知识的指导下才能努力精进、功不唐捐，如果有时间了解一下《金刚经》《心经》等经典会更加受益。《金刚经》中用“凡所有相皆是虚妄”来告诫我们，世间的一切都是众缘和合而成，无常是唯一不变的规律。人的色身是无常的组合体，执着越多越深陷其中不能自拔，只有放下执念，才能成就自己。

一家企业如果做不好、做不大，亦是由于经营者放不下“我执”，总觉得企业是“我”的，一切成败荣誉都是“我”的，“我”赚的钱应该实实在在享受，给员工一点福利是“我”的恩赐，不给亦是天经地义。这些“我”打造了一间自我的牢笼，里面囚禁着自己的善念与菩提之心。破除执念、打破虚妄之相的束缚，心灵才能自由如风，境界才能广阔无垠，能量才能没有极限。

万事万物的发展都有各种因缘，亲人、朋友甚至敌人能够走到一起亦是无量的因缘际会，无因不聚、无缘不来。缘分需要珍惜，善缘、顺缘当然最好，但如果是恶缘、逆缘，也要学会转化使之对自己有利。逆缘与恶缘是修炼心性与本领的机遇，就像孙悟空炼成火眼金睛得益于太上老君八卦炉七七四十九天的煅烧淬炼。

人们常说苦难是一所非常好的大学，只要能毕业的都是强者。不要害怕苦难、敌人、逆境，敞开心扉去接纳、去包容、去转化，般若智慧就隐藏在其中。

光明心

光明心有许多含义，太阳是光明，喜乐是光明，清凉是光明，自在是光明。

紫禁城乾清宫正殿上悬挂着“正大光明”的牌匾，由清朝顺治皇帝亲笔御书。正，可以通达天地，光明则是“正”表现出来的一种能量，这种能量跟阿弥陀佛是相应的，跟一切诸佛菩萨是对接的。念佛念得好的时候就沐浴在一种巨大的能量场中，口中在念，周身都在散发阿弥陀佛绵绵无尽的慈光。

一只蝴蝶在热带雨林中扇几次翅膀就可以引起地球另一端的风暴，这种现象叫作蝴蝶效应。生逢五浊恶世，如果我们能多念几声佛、多行几件善事、多付出一点爱心，爱心被他人接受，他人因受到感染而将爱心不断传递，慢慢我们身边的世界也会因我们的所作所为得到改变，这就是光明之心体现出的无限福泽。

怎样识别心是否光明？照镜子的时候看看自己是哭丧着脸还是带着灿烂的微笑，光明之心可以使微笑绽放；阴暗之心一定使笑容枯萎。如果每天看到的自己都怀着嗔恨的眼神，必定是内心黑暗无光了。

明白了这个道理就应该努力经营自己的内心。心灵会对眼前的世界进行主观性的认知，内心的建设是富丽堂皇的，那么我们看到的世界一定灿烂美好；内心是一塌糊涂、狼狈不堪的，那么我们目睹的世界一定满目疮痍、支离破碎。

修行其实很简单，有时往往只需要转一个身。困在一个死胡同里走不出来的时候，为什么不转一个身呢？面对问题无法解决的时候，为什么不转换个角度思考呢？转换，有时候修行需要长年累月，有时候只在刹那间便可以完成。碰到任何问题都要学会转换，转凡成圣、转迷成悟、转染成净。

天堂和地狱只有一墙之隔，生死到涅槃也只是一河之远，关键在于我们怎么解决，怎么面对。

欢喜心

欢喜，指欢快欢喜，有很多佛的名号便叫欢喜。修行的最终目的是圆满自己，喜乐是其中不可或缺的一种状态。如果修行不能心怀喜悦，念佛时愁眉不展，将注意力集中在口干舌燥、腰酸背痛之上，痛苦不堪，那么无论修行多久都是在做无用之功。念佛的结果应该是身心欢喜，越念越有劲儿。好的音乐人人都爱听，久听不厌、失之怅然，是因为旋律优美、歌词动人，听了之后心情愉悦。念佛也是这样，如果用一颗饱满的欢喜之心去念、去祝祷，效果与作用都会有所增加。

修行的过程中若没有欢喜、快乐，修行便很难长久。快乐情绪是人坚持某种行为的一种有效支撑，孩子在书本与学习中收获了乐趣便会爱上学习，如果在游戏中找到欢喜就会喜欢打游戏。修行也一样，如果我们体会到修行的美妙和快乐，明白修行的过程可以得到诸佛加持，念佛能够度化众生，自然就喜欢修行、念佛了，身心安乐，自然就会形成良性的循环。

念佛要找到欢喜之心，功课才可以持久做下去。一个人念佛念到三昧境界，一念不起、念而无念、无念而念，一定是建立在拥有欢喜之心这一前提之上的。

经营者能够让企业、工作给员工带去快乐，那么这家企业肯定能蓬勃发展、前程无限，欢喜心是最好的养生药，员工保持愉悦的心情才能做好甚至超额完成本职工作。

第九章

选择你要走的路

若想成功就要放下短见。

释迦牟尼佛被人们称为觉者，是因为他参透了宇宙中那些让人困惑、无法理解的事物。释迦牟尼佛出家前是一位王子，有显赫的身世地位与奢华富贵的生活，若不是为追求真理和众生的解脱，何来这样大的动力抛下一切荣华富贵和奢侈享受？

许多人不了解佛教的宗旨，不明白佛学的教义，不肯放下名闻利养、金钱地位，如此就难以成为一位真正的修行者。

一个人的思想决定了他的行为准则和处世标准，这些又共同影响着他今后的人生道路和事业成败。如果学习佛学的目的仅仅是升官发财、身体健康、生活幸福，是无法潜下心思，体会佛法的，心被欲望捆绑，目标就更难达成。

有的人觉得佛学的思想太空泛了，不着边际、无法理解，其实并非缥缈难及，佛学的智慧起到的是高屋建瓴的作用。任何成功都离不开志向高远和脚踏实地的结合，就像我们开车去一个地方，既要知道大致的方向，也要知道具体的路怎么走，这样才能到达目的地。学佛亦是如此，既要领略高深的有些晦涩的佛法，又要回归自身，潜心修行。

人要有智慧，智是决断，慧是抉择；智是向，慧是离。每个人都有到达终点的可能，但是想要把这种可能上升为现实，每一天的生活，生活中面对的每一个问题都要做出明智的决断和抉择。把握住“离”与“向”的度，决策正确，便是智慧。有智慧的人往往一帆风顺，遇到什么问题都能够化解；没有智慧的人一生都会坎坷不平，备受羁绊。

有的人是选择困难户，每每面临不同的选项都会犹豫不决，在 A 和 B 之间举棋不定。其实这种犹豫是没必要的，完全是在浪费时间。我们要选择能引领自己往人生正确方向迈进的选项，一旦做出选择，只管去做就好，不必有太多纠结和疑虑。每一件事情都是为自己终极的人生目标做积累和铺垫，这样去想的话，方向与目的都会十分明确。就像香海禅寺的建设，我们的目标是打造一个度化众生、利益社会的公益性平台，宗旨是“以人为本、服务社会，正知正觉，共证菩提”。既然共证菩提是我们的努力方向，那么我们做每一件事情都会往这个方向去精进，大凡跟这个方向契合的，我们就去做，跟这个方向不契合的，就不去做。如此一来，A、B 当中就已经排除了错误的选项，再去做事就简单多了。

有正确的目标才会做出明智的选择。跟家人发生矛盾时，如果想要家庭和睦、生活美满，就不会逞一时之快伤害家人的感情；如果想要自己占据上风、掌握主动权，就会不依不饶、大发雷霆。两种不同的选择，决定着两种不同的家庭关系，和睦融洽的家庭是避风的温馨港湾；分崩离析的家庭是痛苦和烦恼的源泉。何去何从，都在于自己的选择。

有大心胸的人才能做大事。大心胸一定是广阔的、包容的、谦逊的，这些品质都可以通过禅修培养。

禅修听起来既高深又困难，其实总结成简单的一个字，就是“忍”。忍也是禅修的一种方式，忍辱才能负重。“宰相肚里能撑船”，一个人的度量和修养有时表现出来的便是能忍。忍不是消极权宜、逃避姑且，而是用宽容的态度、智慧的方法去避免锋芒、化解矛盾。

生活中人与人之间总会出现意见相左或摩擦不和，无论亲疏远近，家人、朋友、同事、员工的缺点和不足都需要忍耐。忍是一种礼节，是坚持原则下的退让，是稳定不良情绪的方法，如果人人都能在发脾气之前忍住，那么就可以避免很多争吵甚至大打出手的麻烦。如果你每遇到一件烦心事就不断抱怨、责骂别人，久而久之身边能够共事的人便都默默离开了，成功也会绕道而行。成功的秘籍是坚持不懈，坚持的方法便是忍耐。

嘉兴有一位老板相中了一个很好的行业，不但自己非常喜欢，前景也很好，不假思索便去投资，可是一连投资了几家店，都经营不好，于是开始纠结是继续投资一家还是关门歇业。其实他大可不必烦心，之前的店没有经营好，没有收获经验，也没有打开市场，再开一家新的也还是这样，不如用心去打理现有的店铺，慢慢坚持生意自然会好。

成功贵在坚持，但是坚持并不容易，没有足够的心胸去包容、去忍耐，坚持无异于自我折磨。人生路上到处充满阻碍，生活中处处有不如意，天天有麻烦，如果轻易退缩，成功就与自己无缘了。想坚持，就要忍耐；想成功，就要包容。

如何管理自己的企业？有一句话分析得很精辟：底

层的管理者靠的是勤奋，中层的管理者靠的是德行，高层的管理者靠的是胸怀。格局决定结局，格局高远、心胸宽广才能成就伟业。

近两年我们听到的最热门的话题就是实现中华民族伟大复兴的中国梦。实现中国梦离不开我们的精神力量和文化积淀，要靠每一个人的努力和坚持。每一位国人都应该将这个梦装在心中，沉淀成自己的责任。

很多人觉得中国的经济、科技都不如西方。中国的确在很多领域与发达国家存在着差距，那我们该怎么办？是全盘西化，亦步亦趋地跟在西方国家身后，还是对西方轻蔑不屑，封闭国门、闭门造车呢？自然都不是，我们应用客观、辩证的态度去看待和汲取西方文化，将其精华为我所用，同时在优良的传统文化基础上，将两者结合在一起，开拓、创新，形成适合自己的精进方式和智慧。

不管是经营个人品牌还是民族品牌，一定要有取其精华、去其糟粕的智慧，千万不要盲目地模仿、复制。

《后汉书》曰："天下皆知取之为取，而莫知与之为取。"的确，人们往往以为索取才有收获，殊不知给予也是一种收获。

只重索取不重给予是鼠目寸光的表现，眼前的蝇头微利一叶障目，能捞一点是一点，专注小的利益得失，却不知道自己已经错过了一座高峰。以这样的态度处世，注定只能在小名小利上纠结一生。我们常说"舍得"，有舍才有得，舍的越多，得到的就越多，这一道理在佛教思想中也有印证。

佛教里面讲的"舍"是布施，是三轮体空的布施。什么是三轮体空的布施？就是在给予别人的过程中不着于自己、不着于对方、不着于物，心甘情愿、不求回报地付出，不强调自己做了一件善事，更不会计算自己给的东西值多少钱，对方要如何报答。

懂得给予，人生才会美满幸福，因为能够有机会、有能力帮助别人本身就是一件很有成就感的事。在家庭生活中，家人之间相互给予，家庭关系就能和谐，如果每一个人都在自己的得失问题上不依不饶，亲人之间和陌生人又有什么区别？一个人得到的太多并非是好事，就像吃饭拼命拣好吃的吃，反而容易吃出病来。

人要学会布施，在家人中布施，在企业中布施。希望家人过得比自己幸福，希望员工比自己富有，有了这样的心胸，家庭关系的处理与企业的经营都变得轻易、简单。布施是一种行为，更是一种智慧，懂得布施，便是在践行“般若”思想，越往前走道路越宽阔、前途越光明。

世界呈现在我们眼前的模样称为“相”，山是相，水是相，田园江河是相，城市街道是相，人的生老病死也是相。《金刚经》曰：“凡所有相皆是虚妄，一切有为法，如梦幻泡影，如露亦如电，应作如是观。”只有打破这种虚妄不实的表相去看清事物的本质，才能把握住事物存在的规律。世间一切事物都遵循着“生、住、异、灭”的规律。一天是一次生住异灭的过程，一生也是一次生住异灭的过程。日出日落是生住异灭，月亮的阴晴圆缺是生住异灭，人生中的分合聚散也是生住异灭。

佛教里有一个概念，叫作“分段生死”，意思是说生命是一段一段的，今天过完了还有明天；吃饭是分段的，这一顿吃完了还有下一顿；昨天是一个段落的告终，过去了就放下，没必要为之纠结；今天是一个崭新的开始，来了就安然处之，好好珍惜当下。万事万物都有一个因缘聚散的过程，因缘和合而生，因缘散尽而灭。一栋房子由木头、钢筋、水泥等聚合而成，到了一定的年限这些材料都腐化了，因缘尽了，也就倒了。每一段因缘都会筑成一次生、住、异、灭，现在生病是之前没有保重好身体的结果，从现在开始锻炼身体，身体渐渐就会好起来，这就是一次生住异灭的结束，也是另一次生住异灭的开始。

一切事物，只要是因缘所造的法，都离不开幻灭、无常、移动、变化。《中观论》曰：“众因缘说法，我说即是空，亦为是假名，亦是中道义。”“法”亦是因缘相聚而生，因缘离散而灭，世事幻化，无常本身便是一种规律。

光阴白驹过隙，世事错落纷繁，人总要面对悲欢离合与生老病死。谁知道自己再过五十年会是怎样的？也许读者们仍然健在，而我可能就不在了。世间的一切都是色相，又叫变化义，物质都无法一成不变，从出现的那一刹那就在往幻灭的方向不断发展。

事物流动、变化、生灭的法则叫作“空”。如果我们对每一样东西都能够清楚地看到“色”与“空”的关系，能够透过事物的色相去看它的空性，便会获得超脱、宁静与自在。

人在世间只不过是个过客，贫富无常、地位高低无常、健康疾病无常。今天一帆风顺的人，也许有一天就会遭遇不幸；今天卑微的人，也许有一天就会飞黄腾达。如果不明白这个道理，就会陷入自己编织的牢笼中解脱不出来。有些人病危了仍极力想延续寿命，有些人明明吃饱了还想多吃一些……

内心的执着是业障，阻碍着自己境界的提升，参透因缘法则便不会因外界事物的变化而痛苦。修行者都是无畏之人，亦不会因物喜悲，在天堂是修行，在地狱也是修行，只要内心清凉，处处是道场。

人要不断接受苦难的磨炼，用困境锻炼意志、洗涤心灵，像莲花一般，池塘里的淤泥越污浊，开得越漂亮。想要锤炼自己的品格意志，就要不畏艰辛，把认准的事情做到极致。有的人太过浮躁，做事半途而废，看不到结果就放弃了。若想成功就要放下短见，即使短期内收获不到成果，仍然积累了经验，长此以往，必定会成果丰硕。半途而废，前面所有的努力便都泡汤了；坚持到底，最后会把付出的成本全都挣回来。

没有谁能一步登天。栽种一棵能够经得住风吹雨打的树，至少需要十年的辛苦培育，从栽下树苗开始，让树根慢慢生长，与周围的泥土紧紧握在一起，它才不会轻易被吹倒。香海禅寺种了许多银杏树，长势很慢，一年只长一点点，要五六十年才能长成直径20厘米的大树。于是就有师父提议直接从外面引种成年的银杏树，结果这些树特别脆弱，刮风下雨了要用木棍撑着，天干旱了还要为它们打盐水。接触了佛法，慢慢参悟，就会明白无论是我们自己，还是与其他人、事、物相处，都如同种一棵树，需要从种子、小树苗开始，慢慢培养，才能得到真正的成长。佛学思想和佛法境界的不断提升，会将我们所有的疑惑和迷惘慢慢消除。

给予是收获，但是很多人说，我什么都没有，如何去给予？其实，赞美别人也是给予、布施，一个人受到你的赞美心情就会好，心情好了他周围的环境也会随之变好，你也能够从中受益。倘若总是批评、指责别人，对方会产生嗔恨心，营造出不良的氛围，你身处其中也会受到影响，说不定他嗔恨到忍无可忍的程度，就发泄在你身上了。

大凡事业有成的人都懂得如何赞美他人，而那些整天怨天尤人、看谁都不顺眼的人往往事业、家庭都不顺遂。人的处事方式不同、人格魅力不同，做相同的事，收获的结果也不同。懂得赞美的人情商高，而高情商亦是成功的一大关键。

佛只是一个觉悟了的人，因智慧丰富才能够成为接引、度化众生的“心灵导师”。若想成为一个智者，就要跟这样一位老师学习。无论何种宗教，归根结底都是在解释宇宙万物的生存之道，人遵循自然规律，人生就会充满幸福；若违背了自然规律，就会受到命运的惩罚，一生过得坎坷不平。

古今中外一些大家、伟人都是历经极度的艰难困苦之后才获得了成功，人往往是受到挫折与刺激之后才能放下心中的负累，朝着一个目标努力，全心全意付出。司马迁能写出《史记》，正是经历了常人所无法承受的屈辱，他在失去了一名知识分子应有的人格尊严后发愤著书，最终完成一代绝唱。

人世沧桑容易给人带来包容的力量和破釜沉舟的勇气，普通人不会遇到司马迁那样的困境，并不代表不能变得像他一样内心强大、意志坚定。学佛便是一种有效的方法，领悟了佛学思想，世间的一切名闻利养都能视作粪土，还有什么放不下？放下思想中的负担，心无旁骛地笃行实践，做任何事都能够成功。一个真正能把佛法注入灵魂深处的人，这世上便没有他不敢面对的挫折。参透生死之人，身上自有一种凛然大义的浩气，这样的浩气不会被金钱撼动，不会被权力摧毁，更不会被色相诱惑。认准一条路便无所畏惧，只要是应该做的事，即使要付出生命的代价也在所不惜。

佛学告诉我们世事皆在变化这一道理，引导人们坦然面对人生的起起落落，当国王也不要骄奢淫逸，当乞丐也不要自卑自馁。心中所有的期盼挂念都要拿得起放得下，功名利禄不过是身外之物，头衔官职也只是暂时放在身上的称呼，它们就像衣服，穿不穿这件衣服都不会影响一个人的生命质量。一个人如果靠头衔来吃饭，那就应该好好反思一下了，头衔带来的利禄是否能够长久？失去头衔后还是否有人簇拥在周围鞍前马后、笑脸相迎？没有了职位还能否安身立命？卸下光环后还有没有真心的朋友？

人活着要有使命感，要为自己的人生目标不断去奋斗，要为社会贡献自己的价值，在奉献社会的过程中去升华自己的生命。不能贪恋权柄地位，身陷囹圄才知道后悔。

只要合理的我们都可以去做。什么算是合理？符合事物生存之道，符合社会需求的都是合理的。比如办禅修班是为了服务大众，让众生有更多的机会受到佛法的洗礼；出版佛学书籍是为了让更多的读者接触佛学知识，从佛法中受益。

利益众生的事情肯定深受众生欢迎，那么这些事情便很容易做成；损害众生的事情，必定人人反对，实行起来也会困难重重。寺里的义工菩萨跟我商量说要举办一些利益众生的活动，只要他们做了充分的思考和策划，有一套成熟的方案把活动办好，我都会非常赞成。我不会事无巨细地追问、凡事亲力亲为，香海禅寺是大家的家，只有每个人都充分融入这个大家庭里，它才会变得越来越美好，独断专行很难做成事。

曾经有个针对“问题青年”的培训班想来我们寺院办学，这个培训班的发心特别好，学员都是一些问题青年，我欣然答应了这个团队的请求，但他们却一直迟疑费用的问题。最后我跟他们说，为社会大众做贡献的事情我都是非常支持的，有句话叫“人有善愿，天必佑之”，利益大众的事情，没有必要顾虑那么多，只管放心去做，即使途中会遇到各种各样的问题，大家一起面对，总会有解决的办法。

大家回头看看自己走过的人生道路，是不是有很多以前克服不了的问题，现在看来根本就不算什么？问题会产生，是因为太计较得失，一旦不计较了，路就开阔了。我在各地讲课获得的费用大多都拿去供养别的道场了，也没有什么目的，好的事情自然要尽力支持。今天把钱布施出去了，明天就能再挣回来，懂得布施的人才是最富有的人。

事实上我们生活得简单一点、开销少一点，一天根本花不了几个钱，要是改成吃素，几块钱也就够了，这样我们就可以拿出更多的钱去布施给那些需要的人。我在上海交通大学上学的时候，有时一天就三个馒头，加点咸菜，两三块钱就解决了。如果吃顿饭都要非常复杂、要求很高的话，就会活得很累；对生活没有太多的奢求，反而会活得更加安然自在。我们出家人，一件衣服冬天可以穿、夏天可以穿，穿脏了晚上洗干净晾干，第二天可以继续穿。对物质没有太多的贪念，内心便会静如止水、净如钻石。

生命的意义不在于长短，如果每天总是在为一些生活上的琐事操劳，终生碌碌无为，活一百岁和活三十岁有什么区别？太在乎生命长短的人，是修行还不到家，没有对生死悟透，因此很容易陷入迷惑。倘若修行到家了，一切都能坦然处之，哪还有那么多的担心？放下对物质的执念和奢求，用短暂的一生去创造无限的价值，服务社会、利益众生，才能收获生命最珍贵的意义。

第十章

八 正 道

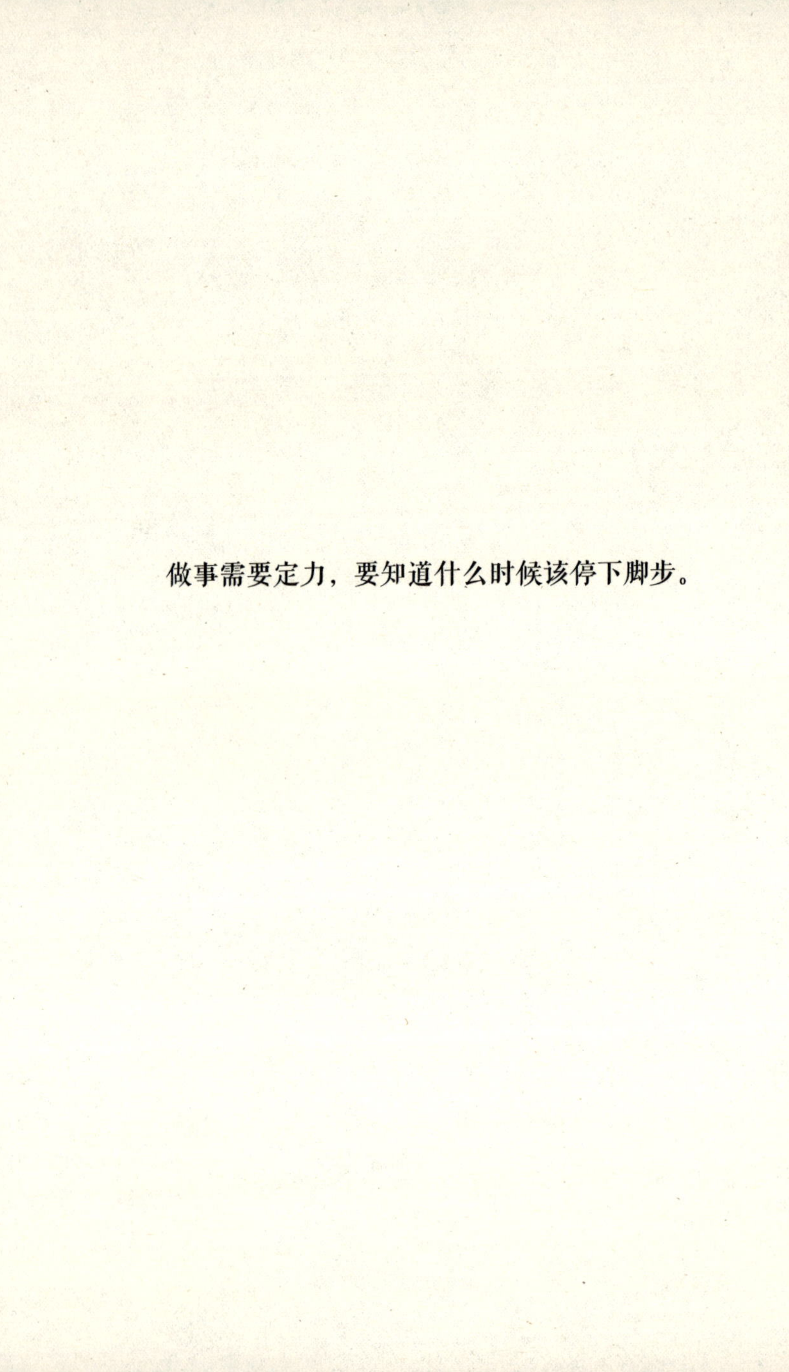

做事需要定力，要知道什么时候该停下脚步。

第十章　八正道

法国著名思想家布莱士·帕斯卡曾说：“人只不过是一根芦苇，是自然界最脆弱的东西，但他是一根能思想的芦苇。”的确，人倘若不思考，便与动物无异。倘若我们不懂得总结过去，不会从别人的案例中吸取经验，就会困在同样的问题中走不出来。见解与思维影响着行为方式，因此思考也要遵循正确的方式。

我有一个习惯，思考问题的时候会顺着已经形成的思路一路联想下去，从横纵各个角度把问题分析透彻。所有事物都有相通的一面，寻找这种相通的一面是一种乐趣，多加思考可以帮助我们找到事物的共性，抓住事物的本质规律。

有的人说和尚不可能懂得经营企业，事实上，自然界一切事物的规律都是相通的，一花一世界，一叶一如来，许多细微的事物都能够给予人启示与灵感。

我们有幸生活在这个高度智能化的社会，在科技革命与互联网时代中，每天都有新技术诞生，甚至每一分钟都有新公司诞生，但无论是新技术还是新公司，都要与社会发展的实际需求结合，只有符合大众利益的技术与产品才会有市场。

同样的道理，假若我们往前再看500年，历史上那些划时代的伟人正是看到了广大人民的诉求，才能做出一番惊天动地的事业。正是他们的功绩利益了那个时代千千万万的众生，才会被永久敬仰和纪念。

判断自己的项目是否有市场，自己的企业前景如何，只需要思考自己的产品、项目是不是这个社会最需要的，企业的存在与发展能否利益众生。时势造英雄，即便是庄子《逍遥游》中的大鹏，也需要借风而行，否则便难以扶摇直上、直冲云霄。

我们有幸生活在现代社会是一种福报，环境和平，物质条件也很丰富。在享受幸福的同时，每个人也应该明白自己的身上肩负着更大的责任：实现伟大复兴的中国梦。

每一个人、每一家企业都是为中国梦奋斗的一分子，都是中国传统精神和文化的继承者与代言人。身为企业的掌舵者，企业家的身上不仅背负着员工、家人的利益，还背负着我们的国家、民族的利益。为什么在中国本土生产的产品贴上了外国标签，摇身一变就成了国人炙手可热的商品？为什么中国的企业不能将这些我们自己生产的产品变成我们自己的民族品牌？为什么有那么多民族品牌被猎杀？西方人在学习我们几千年的文化，用来经营他们的企业，而我们站在自己几十年企业经营高度仰望西方人几百年的商业模式，这是一件多么可悲的事情。

起心动念符合世间万物存在的大道，事业才能走得更长久。有的企业明明发展顺利却突然间倒塌，就是因为经营者心不正，坑蒙拐骗，为了赚钱可以无所不用其极。行不正之心，即使现在做得很好，终有一天会出现各种各样的问题。

其实这些潜在的问题都可以规避，关键在于我们自己想不想，佛学中许多思想与理念便可以给我们提供思想上的指引和帮助。在此，我向各位读者分享佛学中通往最高修行境界的八种路径——八正道。即正见、正语、正思维、正命、正念、正定、正业、正精进。

八种路径都以“正”命名，因为它们都有着自己的对立面，便是“邪”。坚持正道才能成功。正是什么？是上达天、下及地，顶天立地。

正见

见，指认识、看法、解读问题的视角。

在浙江，有一所很著名的幼儿园聘请幼师，很多人前来应聘。当天，教室门口有一个小女孩蹲在地上哭，应聘者来来往往都没有管，只有一个女孩抱起孩子，于是，这个女孩成了这场招聘会中唯一被录取的人。身为幼师，最基本的要求就是爱护孩子，这是正见；连眼前哭泣的孩子都视而不见,则是非正见。

经营企业亦是如此，不能只追求利益而忽视社会的需求，面对不正当的利益要懂得拒绝，在社会危难之时要及时伸出援手。

我们做一件事情要想让别人感到满意首先自己要感觉到满意，倘若连自己都无法认同，别人又如何从中受益?

有的寺院到香海禅寺取经，学习我们禅修班的创办方式，但却鲜有能办好的，其实问题的关键并不在于禅修班本身，而在于能否为前来参禅的学员们创造他们喜欢的氛围。在香海禅寺，几乎所有居士、义工每天都坚持打坐，他们服务学员的同时自己也在享受这种禅修的生活。经营企业也是同样的道理，倘若员工上班不仅是为了工资，更是在享受工作的过程，每天都能获得成就感，他们还会离开企业吗？在氛围好的公司上班每天都是度假，在氛围坏的公司上班每天都是坐牢，显然，没有人喜欢坐牢。

员工心生喜悦，才能做出让客户心生喜悦的产品，一个好的办公氛围才能孵化一个优秀的团队。

一家优秀的企业首先要有卓杰的文化，好的文化能深入人心，即使没有上司和顾客，每一位员工也都能自我约束、自我监督。要让公司成为一支军队，有着统一的目标和顽强的战斗力，在任何恶劣的环境中都能坚持不懈地战斗；要让企业成为家庭，对每一位员工都不放弃，用关怀将大家凝聚在一起，用互助促使大家进步；要让企业成为一所学校，为每一位员工都创造良好的学习环境，铸造他们、成就他们，让他们在企业的影响下得到成长和蜕变。员工的成长必然也将带来企业的成长，他在这里学会了做人、做事，不管以后是否在这家公司工作，走出去后仍然是公司的一张名片，会在无形之中为公司带来效益。

松下幸之助在创办松下电器公司的过程中一直在寻找一种最好的企业管理方法，他学过许多管理模式，可是哪一个都不尽完美。有一次他经过一条老街，看见一百多个壮汉赤身裸背地在搬东西，个个累得汗流浃背却始终面带笑容，他过去一打听，才知道原来是这里的一座寺庙在翻修，这些干活的人都是来自全国各地的信徒，他们没有报酬，只有一点最基本的生活补贴，可是大家都非常快乐。松下幸之助见识到了信仰的力量，于是他在之后的企业管理之中，便开始努力将自己企业的文化打造成员工的信仰。

抗战时候的延安无论条件多么艰苦，总是有全国各地的有志之士奔赴而来，他们离开舒适的生活环境，不顾一切前往延安，正是因为延安是当时全国人民心中的信仰，它能带给人们希望，能燃起人们心目中对追求人生价值的渴望。

企业家若想把企业打造成一个修行的道场，把企业文化发展成信仰，就要发四个宏愿：众生无边誓愿度，烦恼无尽誓愿断，法门无边誓愿学，佛道无上誓愿成。

有人认为佛教是消极、出世、逃避现实的，其实这些都是误解。学佛之人若想遁入佛门、了脱生死、断除烦恼，就要把这四大愿作为自己的人生准则，孜孜不倦地努力，度化无量无边的众生，消除无穷无尽的烦恼，学尽无量无边的法门，最终成就无上的佛道。这样的目标、愿力和作为，是消极的吗？不可否认，确实有个别消极逃避之人进入佛门，但这并不代表整个佛门就是消极的。所谓的消极都是自己的心态造成的，心态影响着行为，所以要培养积极的心态。

善念便是积极的心态，有利益众生之心定当有不竭的动力。父母、家人、朋友、员工就是你的众生，给予他们帮助，他们就会团结在你周围。当你为别人付出一切时，别人也会为你付出。良善之人随时随地都要学会布施，布施学识、友善、慈悲，一切能利益别人的都可以去布施。一个有布施之心的人一定会用最善意的心来解读这个世界，能够看到世界的美好。以一种博爱的态度立足于天地间才能让自己处于最好的状态，成就一番事业。一个企业的负责人唯有如此才能把自己的公司建成家庭、学校、军队和宗教。

《心经》里讲，万物缘起性空，因缘和合而生。

佛教探讨的是一种宇宙万物的存在规律，探讨人类要如何存在才能符合这种规律。世间万物符合宇宙规律便是正，违背宇宙规律便是邪；正就会得到世人的赞赏，邪就会受到世间的谴责。

正语

语就是语言，正语是客观、优雅、有意义、有力量的语言。我们每天都要说很多话，这些话是否是废话？哪些话对他人有帮助？哪些话能够体现出自己的智慧？哪些话能让他人感到清凉或震撼？这些问题值得我们时时处处去思考、观照。

我们编写了一本《香海禅寺日诵警策文》，书中的十条警策文被很多公司当作晨读的范本，其实这十句话正是我们从佛学教义和经典中精心挑选出来的警世之言，用心诵读不仅能够帮助自己纠正言行的得失，让内心沉静，还能鼓舞士气，让自己心中充满热情。

如果每天都用富含哲理、美妙动听的言语来洗刷自己的心灵，我们自然会活得幸福，这就是言语的力量。毛主席把“三大纪律八项注意”编成歌，让士兵们在行军的时候唱诵，鼓舞大家的士气，让大家用一种轻松愉快和积极向上的心态来面对战争的危险和生活的艰辛，这也是语言的力量。

我们每个人每天都要做点功课，并非念经才是功课，只要是能够使自己成长、鞭策自己进步的事情都可以当作功课来做。香海禅寺每日三餐之前都要念诵一篇文章，《坛经》《道德经》《了凡四训》《清静经》等，念完之后才吃饭。古代先贤的贡献值得铭记，智慧值得汲取，品质值得景仰，有了他们作为榜样，我们也会在前行的道路上有奋进的动力。

我建议企业经营者至少读三部经：《道德经》《孙

子兵法》《坛经》。《道德经》是一部内圣外王的帝王修行之法；《孙子兵法》使人在面对激烈的竞争时能知己知彼，立于不败之地；《坛经》教人打开思路，以一种新的视角看待眼前所遇到的问题。人无完人，没有谁天生就有无尽的智慧，每个人都要修正自己，面对自己的弱点，继而加以克制、约束、反省、总结，唯有如此才会有进步。

佛教里对恶语有四种描述：咬舌、恶口、虚言、妄语。咬舌是指搬弄是非、颠倒黑白；恶语指用粗恶的语言诋毁别人；虚言指说一些不着边际的话；妄语指虚假不实的话。我们要远离这些恶语，因为想成为一个永远富足的人，就必须有一种身处万恶之中而正心不动的精神。

一个人的未来由自身的修为决定，修为越圆满身上正极磁场越强，越能把正义之人吸引到身边。人人都厌恶小人，喜欢君子，可为什么自己身边仍旧小人多如牛毛，君子寥寥无几？原因是内心修为没有达到足够圆满的境界。我们自己才是一切的原点，出现问题首先要从自身寻找原因，修为自己，提高自己的境界，自己成了谦谦君子，才能与君子成为莫逆之交。

正思维

曾经有一位医生看了我的后脑勺说："师父，你后脑勺上的筋特别粗。"我说："是的，因为我比较爱思考。"

思维是人特有的能力，人常思考，头脑才不会变迟钝。遇到瓶颈了不要气馁，方法总比困难多，所有问题都有相应的解决之道，一筹莫展、无法解决是因为没有静下心来思考，没有真正面对这些问题。若想解决问题一定会想出办法，没有办法其实只是逃避问题的一个借口，逃避会使问题不断扩大，给自己带来更多的困惑。

思考并不是只有在遇到困难、问题之后才应该去做的事，平常如果没有养成思考的习惯，真正碰到问题之时，就会心乱如麻、手足无措。凡·高最著名的画是《向日葵》，他一生画过三幅向日葵，但每次的风格都不同，从他的笔下我们可以看到他丰富的人生经历，也可以看到他对人生的思考。思考看上去仅仅是一种思维活动，但是它能够记录或创造我们人生的价值，让生命的意义得以在某种契机之下展现、延续。就像凡·高的思考融入画作，留给后人以抽象壮丽的美；屈原的上下求索，为后世留下了宝贵的精神财富。

每个人都需要思考，思考自己的现在与未来。在这个东西方文明碰撞的时代，我们想要提炼出属于自己的东西，不仅需要知识，更需要强大的思维。其实知识也需要思维来进行消化和吸收，就像吃下各种各样的食物，需要胃不断地蠕动才能将它们转化为营养一样。

想要对事物有全新的见解，就需要有独创性的思维。每个人都是与众不同的，即使是同一棵大树，枝叶也会有疏有密，上面的枝叶长得茂密,下面的枝叶长得稀疏，因此树木才能尽可能多地吸收阳光，尽可能少地消耗能量。人也是这样，必须要思考出一种最适合自己的生存方式，吸收生活中的养分，再将它们转换成自己的人生营养、人格魅力。

我很喜欢读书，在深读之前先把一本书简略翻阅一遍，有兴趣就去读一读，没兴趣就不再理会。爱读书是一种好习惯，它可以帮我们打开通往智慧的大门，但是很多人读书常常会被作者牵着鼻子走，不能从中提炼出属于自己的东西，汲取到对自己有用的知识，这样读书就成了死读书了。我们与作者处在不同的时代，即使在同一时代，经历也不尽相同，书中的内容不可以直接照搬过来使用，要学会把别人的东西内化，变成自己的知识才能运用得游刃有余。

大自然是最好的老师，我们不仅要向身边的每一个人学习，也要向每一株草木、每一寸山河大地学习。释迦牟尼佛说他是一位发觉者，他并没有创造宇宙，而是发现了宇宙真理，对万物的观察与认知，都会给人带来启迪与智慧。

我喜欢一个人旅行，以前在普陀山的时候常常一个人背着馒头和水去海边，带着书，一坐就是一整天。一个人独处时，心自然会安静下来，思考也会变得深入，此时便能够发现一些平时发现不了的问题，有时候连自己都会感到意外。所以我们要多给自己一点独处的时间，多给自己一些发现问题的机会。一个不能独处的人内心是贫瘠的，如果只有同别人在一起的时候才能感觉到自己的存在，只有被人捧得高高在上时内心才会得到满足，只能说明心灵无比空虚、脆弱。越是追求热闹的人越难以摆脱孤独，一味依靠人群与喧闹来填补内心的空洞往往会适得其反。

近几年香海禅寺发展得越来越好，参加禅修课程或前来参观学习的人越来越多。我却越来越喜欢独处，开车的时候连音乐也不想听了，去外面讲课也经常自己安排行程，不喜欢别人一直围着我，同我讲话。一个人独处的时候感觉是最舒服的，心在这个时候最沉静，思绪也最为清晰、缜密。

正思维带来正能量，遇到问题不能轻言放弃，更不能满口埋怨，逃避与怨言毫无意义，还不如花点时间去学一学别人面对问题的态度以及遇到问题时的解决方法，然后去思考一种适合自己的、切实可行的方法。

我在面对问题时通常会想出好几套解决方案，然后进行比较，选择一种最好的方式去解决问题，一旦做了决定就不会再犹豫、后悔。我们对问题要进行发散性的思考，不但要站在自己的立场，还要站在不同的位置思考，从而对问题进行比较全面的把握。我们现在觉得人生很长，似乎所有的事情都可以放到明天再做，问题无法解决，大不了就放弃，可是人生无常，有一天当我们躺在病床上奄奄一息的时候，又该怎样面对？

著名剧作家赖声川的话剧《如梦之梦》中便探讨了这个问题，剧情讲述的是一个病人在弥留之际对一位护士回忆自己的一生，故事按他讲述的内容展开，在这个过程中他始终心平气和，没有任何悲伤和怨恨，所有伤害过他的人他都选择了原谅，由此他的一生在生命最后三个小时内变成一条平和的线，均匀地流动。

我们在思考人生的时候不妨也换一种方式，进行逆向思考，不要想自己走过了多少年历程，只考虑自己还剩多少年时间，在这短暂的光阴中还能做多少事，这样才能更好地安排自己的生活，实现自己的价值。

正命

正命指符合戒律的、正当的生活，这关乎生命存在的价值。

每个人活在世上都有自己的使命，我们的人生观、价值观决定着我们生命的意义与质量。而对于一位企业管理者而言，企业的长久发展也要以使命感作为前提。

有位企业家朋友跟我说，他现在资产过亿，却找不到人生的意义了，对什么都没兴趣，也失去了前进的动力。我帮他分析出三点原因：一是缺乏信仰，二是缺乏使命，三是缺乏对人生价值的认定。正因为缺乏这些精神思想的支撑，才会在自己的物质条件都满足了之后失去奋斗目标，失去生活的兴趣，也就迷失了自己。因此企业家要有信仰、有使命，给自己定一个高一点的人生目标，才能有不竭的前进动力和明确的人生方向。

我告诉那位朋友，遇到这种情况，要么把企业转给别人，放手去追求真正能让自己实现人生价值的东西，要么就让自己的企业更精进。身为企业的负责人，当你无法找到经营目标时，不妨想一想：有没有开发新产品来推广自己的品牌？未来五十年和一百年的规划是什么？有没有了解客户的需求，不断调整自己的产品设计？想通了这些问题，就不再是为了衣食住行而活，而是为了实现人生的价值努力，被使命推动着前进，让生命尽可能地燃烧、奉献。

曾子说："吾日三省吾身"。其实就是在说，人要学会反省、反思自己，学会扪心自问，自问是一种能够帮助自己思考的方式，让我们有机会发现自身的问题、修正自己的行为。遇到问题的时候，能否回到原点去找自己的原因？竭尽全力为身边的人付出却被误解的时候，应该保持什么样的心态？人到底是为什么而活着？人生的意义到底怎样才能体现出来？为人父母，想尽一切办法关心自己的孩子，付出了一生的心血却得不到他们的理解，反而被怨恨，又将如何去面对这种打击？

这些问题并没有标准答案，需要每一个人亲自去面对、去体会、去解决。人生的挫折有多大，我们的成长就会有多快，在重重考验之下变得成熟。没有挫折的人生是一杯白开水，唯有遭受苦难的人生才会精彩。生命需要打磨才能够焕发璀璨的光彩，接收生命之中出现的喜怒哀乐、酸甜苦辣才能成就“正命”。

正念

念就是起心动念，正念即正确、正向的起心动念。

大家如果去过寺院的话就会发现罗汉长得奇形怪状，而菩萨都长得很庄严，实际上在佛教中菩萨反而不庄严，罗汉才是最庄严的。菩萨可以不圆满，但比丘一定要是圆满的，接受比丘戒的人要六根具足，眼不盲、耳不聋，六根无破损，但菩萨就没关系，任何人都可以受菩萨戒。菩萨戒有一个最基本的戒条“起心动念都是戒”，起了恶念即使没去做也是犯戒，要求非常严格。

一个人如果连坏念都不曾产生，哪还会做坏事？同样，一个企业如果能让员工消除一点恶念，它的文化一定是做到了极致，像菩萨戒一样严格了。

我们可以反思一下自己每天动了多少念头，有多少是符合企业文化的，不符合的时候有没有踩住刹车，有没有及时纠正自己。

我曾经同香海禅寺的师父们说，大家都是普通人，想要在这个寺院安静下来，守住清规戒律，最重要的是将自己的心思从寺外切换过来，融入寺内的文化中，否则就会很难适应寺内的生活。这就像企业招聘新员工时需要对他们进行培训，其目的就是切换他们的思想，让他们了解企业的文化、纪律，从而更好地融入新企业。

如果一个员工起心动念想到的都是新企业的环境，便是拥有正念了。

一个人存在于天地之间，真正能展现自身人格的就是起心动念。就像马云去见李嘉诚时，每天忙得不可开交的李嘉诚在马云到达之前亲自站在电梯口迎接。李嘉诚的事业之所以能够做到如此规模，是因为他能够将每一个细节都做得非常到位，这些细节展现着他的人格魅力，是他事业成功的关键。

我们每天与形形色色的人打交道，一言一行都要观照自己的内心，如果起心动念总是与自己的言行相违背，我们的人格就是有缺陷的，即使现在顺风顺水，这种缺陷终将在未来的某一时刻成为自己的绊脚石。得罪了一个人好像无关紧要，可是得罪的人越来越多的时候，这些人汇集在一起就会成为自己前进的巨大阻力。起心动念决定着未来的发展，如果我们缺乏耐力、亲和力以及宽容之心，就会得罪自己的下属、客户，给别人带去的问题积累到一定程度就会反过来作用到自己身上。

有一次我和一些企业家去日本考察，京都那边有一个七十多岁的企业家来迎接我们，亲自在机场出口处等着我们下飞机，每天晚上都把我们送到酒店安排好住宿才回去，第二天很早又到酒店来迎接，我们离开京都去东京的时候，他又亲自把我们送到东京的另一位企业家那里自己才坐车回京都。一位七十多岁的老人接待一群年轻人竟然照顾得如此周到，这让我们大为感叹。

日本有许多企业，如生产香和机械的工厂，在生产过程中会制造出垃圾和灰尘，但是这些工厂会收拾得干干净净，工人每天下班回家之前把车间打扫一遍，洒上消毒液和空气清新剂，把用过的每一样东西都放归原位。所以他们的车间看上去都是干干净净的，走进去根本不用担心会把鞋子弄脏。我们去参观的时候，他们的管理人员全部排着队恭恭敬敬地接待我们，接待完了又各归其位去工作，我们走的时候他们也是排着队恭恭敬敬地目送我们，直到看不见我们了才回归自己的岗位，每一个细节都做得非常周到。

一个人的影响力一定来源于自己的内心，自身的魅力吸引着同声相应的一群人聚集到自己周围，大家共同完成一个理想。如果一个人的人格有缺陷，遇到的问题就会不断加大。念头决定行为，行为决定着未来道路的方向，心怀正念才能走得长远。

正定

定就是定力，定分正邪，有很多种：凡夫定、外道定、小乘定、大乘定、无上定等。我们要修坚持为善的正定，正定就是让自己正确地去把握方向、掌握事物的存在规律。

禅修有三种境界：戒、定、慧。戒能生定，定能生慧。我们做事需要定力，知道什么时候该停下脚步、放慢心思。实际上止与进是相辅相成的，就像一部好车，跑得快的同时还要刹得住，刹不住的车跑得再快质量也不过关。如果一家企业成长迅速，产值在不断翻倍，这时千万不能被业绩冲昏头脑，不能迷失自己，而是要用清醒的头脑有预见性地去规避风险，这就是“止”。我们开车的时候脚放在刹车上随时做刹车的准备，这也是止的意识。

人生无常，要做到一帆风顺很不容易，所以要有一颗该止就止的心，做到心如止水，修炼自己的耐性与定力。

正业

业就是事业，包括我们所做的一切事情。

传统佛教里所讲的正业与邪业是相对的，能带给我们健康、幸福，能利益众生、给社会带来好处。积极的人生态度、乐观的处世精神等都属于正业的范围，烧杀淫掠、酗酒赌博等都是邪业。邪业会消福报，福报一旦消完，家庭和人生都会陷入困境。

有杀心、私心，权欲太重的人福报极少，因此我们要多做正业之事，不做邪业的事情。

正精进

精进是努力、乐观、达见、上进，精进是以正确的方向为前提的，方向不对，再精进也达不到目的地。精进在正念的引导之下才能得到正确的结果，发觉自己方向不对时就要赶紧停下，否则只能在错误的道路上越走越远，八匹马都拉不回来了。

修炼人生境界的八条正道需要我们牢记于心、认真遵守，起心动念之处常常反省自己。只有当我们做的事情符合宇宙运行大道时，才能有所成就。

每时每刻按照正确的方式去思考、行动、努力，不管在这个社会中处于什么样的位置，最重要的是要在一言一行中去修炼自己的灵魂。不能正确看待这些问题就会每天生活在迷失当中，顾此失彼、患得患失。

每个人都拥有属于自己的人生，平凡也好、非凡也罢，并非每个人都能活得光芒万丈，在平凡的人生中做一些不平凡的事情才是我们应该努力的方向。